Brigitte Weiprecht

Pocahontas und andere Töchter Manitous

Indianer-Titel bei Lamuv

Das Indianer-Lexikon, hg. von Ulrich van der Heyden • James BraveWolf: Von nun an bin ich Kriegerin - Eine indianische Erzählung • Alexander Buschenreiter: Spuren des Großen Geistes - Indianische Weisheit der Gegenwart • Alexander Buschenreiter: Unser Ende ist euer Untergang - Die Botschaft der Hopi an die Welt • Walter Bauer: Wäscha-kwonnesin: Der weiße Indianer - Die Geschichte eines abenteuerlichen Lebens • Vine Deloria jr.: Nur Stämme werden überleben • Vine Deloria jr.: Gott ist rot • Häuptling Büffelkind Langspeer erzählt sein Leben • Häuptling Seattles Rede: Wie kann man den Himmel verkaufen? • Elmar Engel: Blackfoot, Cree, Mohawks ... - Zur Geschichte der Indianer im Norden Amerikas • Elmar Engel: Die Comanchen und ihr Häuptling Quanah Parker • Elmar Engel: Geronimo und die Apachen • Elmar Engel: Sitting Bull und die Sioux • Elmar Engel: Tecumseh und die Shawnee • Geronimo: Ein indianischer Krieger erzählt sein Leben • Barry H. Lopez: Der listige Coyote - Was sich Indianer am Lagerfeuer erzählen • Thomas Müller/Helga Müller-Herborn: Kinder der Mitte - Die Q'ero-Indianer • Carolyn Niethammer: Töchter der Erde - Legende und Wirklichkeit der Indianerinnen • Schwarzer Hirsch: Die heilige Pfeife - Das indianische Weisheitsbuch der sieben geheimen Riten • Schwarzer Hirsch: Ich rufe mein Volk - Leben, Visionen und Vermächtnis des letzten großen Sehers der Ogalalla-Sioux • Wäscha-kwonnesin: Ihre Mokassins hinterließen keine Spuren - Grau-Eule erzählt • Wäscha-kwonnesin: Im Land der Nordwinde • Wäscha-kwonnesin: Kleiner Bruder - Grau-Eule erzählt von Indianern, Bibern und Kanufahrten • Phillip Wearne: Die Indianer Amerikas - Die Geschichte der Unterdrückung und des Widerstands • Brigitte Weiprecht: Pocahontas und andere Töchter Manitous • Die Wunden der Freiheit - Der Kampf der Indianer Nordamerikas gegen die weiße Eroberung und Unterdrückung - Selbstzeugnisse, Dokumente, Kommentare

Brigitte Weiprecht

Pocahontas
und andere Töchter Manitous

Lamuv Taschenbuch 218

Bitte fordern Sie unser kostenloses Gesamtverzeichnis an:
Lamuv Verlag, Postfach 26 05, D-37016 Göttingen

Das Papier des Buchblocks besteht zu 100 Prozent
aus Altpapier

97 98 99 00 8 7 6 5 4 3 2 1

1. Auflage 1997
Originalausgabe

Umschlaggestaltung: Gerhard Steidl
unter Verwendung eines Holzstiches von Eduard Vermorcken,
koloriert nach George Catlin (AKG, Berlin)
Abbildungen: Archiv Brigitte Weiprecht und Elmar Engel
Gesamtherstellung: Steidl, Göttingen
Printed in Germany
ISBN 3-88977-488-1

Inhalt

Die weibliche Facette des Indianermythos

Man kann es sich einfach machen, die Rolle der eingeborenen Frauen Nordamerikas zu beschreiben: Ausgebeutete, untergeordnete, gedemütigte, in vielen Fällen sogar versklavte Wesen, einzig und allein dazu bestimmt, die Art zu erhalten und den sogenannten Herren der Schöpfung ein angenehmes Leben zu bereiten. Ich könnte ein großes Lamento anstimmen, wie ungerecht die Bürden des Erdendaseins zuungunsten der Indianerinnen verteilt waren.

Die Berichterstatter früher Epochen sind fasziniert von den stolzen, wilden und freien Jägern und Kriegern der Prärie; den prächtigen, makellos gewachsenen, halbnackten Mannsbildern hoch zu Roß; bedrohlich in den Farben des Todes bemalt; von Kerlen, unnahbar in ihrem Stolz und ihrer Arroganz. Sie sind geschmückt mit Adlerfedern, gegen die das buntschillernde Rad des Pfaues verblaßt. Ihre Waffen, die Gewehre, Tomahawks, Messer, Lanzen, Bögen und die Köcher voller todbringender Pfeile gebieten Respekt; ihre Schilde zeigen geheimnisvolle, magische Zeichen. Sie vermitteln das Gefühl unheilvoller, unbarmherziger, unausgesprochen beneidenswerter Aggressivität. Diese Männer waren und sind die Verkörperung so manch verdeckter und offener männlicher Verwilderungssehnsüchte. Und diese Ritter einer dahingeschwundenen Epoche mit all ihrem Glanz und Gloria stellen sich – zugegebenermaßen – auch nicht ganz reizlos für uns Frauen dar. Vor allem, wenn wir sie mit so mancher verängstigten, bedeutungslosen grauen Maus männlichen Geschlechts unserer Tage vergleichen.

Die roten Männer gaben sich dem Thrill, der Angstlust, der Büffeljagd hin, ritten auf ihren schaumbedeckten Pferden zurück ins Lager, deuteten in die Richtung, in der die Kadaver lagen - und überließen den Rest den Frauen. Oder sie brachten die erlegte Antilope auf ihren eigenen Schultern heim, warfen sie vors Zelt. Sie ließen sich von ihren Frauen die Füße massieren und wiesen sie danach an, die Beute aufzubrechen und zu verarbeiten.

Damit hatten, so sieht es aus, »die unumschränkten Herren der Prärie« ihren Beitrag zur Lebenshaltung und Existenzsicherung geleistet. Darüber hinaus fochten sie im oft mutwillig herbeigeführten Kampf mit ihresgleichen, schleppten sich angeschossen, zerhauen und zerstochen in ihre Tipis, ließen sich ob ihrer großen Taten bewundern und von ihren Frauen gesundpflegen.

Zwangsläufig warfen die märchenhaften, in der Welt verborgener männlicher Wünsche und verdeckter Sehnsüchte immer noch herumgeisternden Heroengestalten breite, dunkle Schatten, in denen alles andere, vor allem aber die Indianerin, klein und armselig wirkt - soweit sie überhaupt in Erscheinung tritt. Es kommt nicht von ungefähr, daß Karl Mays fiktiver Super-Indianer Winnetou weder eine Gattin noch eine sonstige Gefährtin hat. Ach ja, wo Helden schrecklich hausen - wo soll da noch Raum bleiben für uns, die armen Weiber?

Hin und wieder wurde und wird über Frauen jener Epoche geschrieben. Meist werden sie abgetan, wenn auch unausgesprochen, als der Bodensatz, ohne den es nun einmal nicht geht. Da ist die Rede von willigen, fleißigen Wesen, die mit niedergeschlagenen Augen und gesenkten Hauptes die Büffelhäute gerben, die Fellklei-

Eine Salish-Frau beim Korbflechten

dung nähen, die Mahlzeiten zubereiten, die Kinder gebären und versorgen, die Zelte, die Tipis auf- und abbauen, die Lasten schleppen; zu deren Aufgabenbereich tausend andere alltägliche Dinge, die sogenannten »niederen« Tätigkeiten gehören.

Allenfalls für erotische Aperçus, jedoch nicht als Stoff der meisten Western-Romane und -Filme schienen die Indianerinnen zu taugen. Aber hat es sich damit wirklich?

Es stimmt, die Frauen waren verantwortlich für die sogenannten Nebensächlichkeiten, die die Reiter, unter denen die Prärie erzitterte, zu gering erachteten, um sich mit ihnen abgeben zu wollen oder auch zu können.

Es stimmt durchaus, daß »weibliche Wesen« oft geringer geschätzt wurden als die Lieblingspferde der Häuptlinge. In nicht seltenen Fällen wurden sie nach Gusto gekauft und verstoßen. Solange sie jung und begehrenswert erschienen, durften sie je nach Bedarf, Lust und Laune ihren Herren als Sexualproviant zu willen sein. Danach wurden sie mit Füßen getreten.

Es sieht so aus, als seien die roten Frauen allenfalls ein Geschlecht von Heloten gewesen, als seien sie das Fußvolk der indianischen Geschichte. Doch wenn man die Oberfläche, das Gemisch von Fiktion und oft sehr persönlicher Wahrnehmung durchstößt, erfährt man schnell, daß diese vergangene, scheinbar ausschließlich von Männern »von echtem Schrot und Korn« geprägte Welt so sehr von Frauen abhängig war, daß die großen Krieger allenfalls Tage, höchstens aber Wochen ohne sie überlebensfähig waren. Die stolzen roten Reiter der Prärie besaßen nicht das Know-how, sie waren nicht einmal in der Lage, ihre Zelte, ihre Tipis, mit eigener Hand auf- und abzubauen, geschweige denn anzufertigen. Dazu brauchten sie ihre Frauen. Wenn sie sich auf ihren Raids befanden, kauten sie das zuvor von ihren Gefährtinnen bereitete Trockenfleisch, schliefen im Freien oder bauten sich aus Ästen und Zweigen primitive Notunterkünfte.

Wie jedes Schiff auf hoher See, brauchte auch der wildeste Krieger einen Hafen, einen Ankerplatz. Und sei es nur, um sich auszuruhen, um sich auf neue Jagd- und Kriegszüge vorzubereiten.

In seinem Lager, so primitiv und temporär es auch sein mochte, fand er seinen Unterschlupf, sein Heim, seine Gefährtin, seine Familie. In der Intimität dieser Zufluchtsstätte brauchte er sich nicht mehr wie während der Raid unter seinesgleichen als besonders unerschrockener Kämpfer und erfolgreicher Jäger zu beweisen, hier legte er seine Herrenmaske ab; hier durfte, konnte oder mußte er ganz Mensch sein. Sobald er den Eingang durchschritten hatte, betrat er einen anderen, den zwar nicht ausdrücklich so deklarierten, doch meist unumschränkten Herrschaftsbereich einer Frau.

Es spielte keine Rolle, ob es ein Wigwam aus biegsamen, mit Birkenrinde abgedeckten Stämmen der Waldindianer war, ein irokesisches Langhaus, ein Tipi genanntes Fellzelt der Prärie, ein halb in die Erde eingesunkener Hogan der Navajo oder ein Wickiup, die rasch und unzeremoniell zusammengefügte Busch- und Laubhütte der Apachen oder irgendeine andere der vielfältigen, ursprünglichen Hausformen der Eingeborenen Nordamerikas: Innerhalb der vier Wände hatte fast immer die Frau das Sagen.

Die Kinder blickten zu ihrer Mutter auf, erfuhren von ihr Liebe, erbaten von ihr Rat und Hilfe. Die Männer spielten in dieser Hinsicht eine Nebenrolle.

Bei vielen Stämmen war die Behausung verbrieftes Eigentum der Frau. Wenn sich die Partner trennten, blie-

Chippeway-Frau mit Kind

ben nicht nur die Kinder bei der Mutter, sondern sie behielt neben den Einrichtungsgegenständen ihr wie auch immer geartetes Heim. Der Mann mußte ausziehen und sehen, wo er unterkam - die Frau blieb.

*

Stellen wir Polemik und Sarkasmus einmal hintenan. Es läßt sich endlos darüber streiten, wessen Rolle für die Gestaltung des Daseins wichtiger war: die der Männer oder die der Frauen. Jeglicher Versuch in dieser Hinsicht läuft auf reine Spiegelfechterei hinaus. Von der Notwendigkeit der Fortpflanzung einmal abgesehen, und so simpel es klingen mag: Es geht nicht ohne den einen oder die andere. Das liegt in der Natur der Sache und einer ebenfalls von der Natur oder dem Biotop des Lebensraumes vorgegebenen Rollenverteilung.

In der vor der Ankunft der Weißen in weitesten Teilen Nordamerikas vorherrschenden steinzeitlichen Jäger- und Sammlergesellschaft lebten die Menschen in einer Zwangsjacke, aus der beide Geschlechter nicht herauskonnten. Da es sich um eine evolutionär marginale, ständig von unkontrollierbaren Naturereignissen beeinflußte Existenzform handelte, wurde die Einbindung in die vorgegebenen Rollen sowohl von Männern wie auch von Frauen klaglos akzeptiert.

Mutter Natur hatte nun einmal den Menschen mitleiderregend schwach für den unbarmherzigen Überlebenskampf in der sogenannten gemäßigten Klimazone ausgestattet: Es fehlten ihm die natürlichen Waffen der größeren Raubtiere, es fehlte ihm deren Schnelligkeit, es fehlte ihm der Fellschutz gegen die Kälte. Auch die Gebärfreudigkeit der Frauen war wohl aufgrund der meist miserablen Lebensumstände zu schwach entwickelt, daß der Menschenrasse allein durch die schiere Zahl des Nachwuchses karnickelhaft der Erhalt und die Entwicklung der Art garantiert worden wäre.

Die vorkolumbischen Indianer waren umtriebig, fleißig, ertrugen duldsam ihre Leiden; sie hielten sich unter äußerster Anspannung und Ausnutzung ihrer bescheidenen Ressourcen am Leben. Weder Frau noch Mann verfielen in Selbstmitleid oder in Sentimentalitäten.

Sie vermochten die Naturphänomene weder zu erklären, noch ihre Umwelt rational zu durchdringen. Sie glaubten dunkle, geheimnisvolle Mächte am Werk, übermächtige mystische Wesen, die sie durch allerhand rituelle Beschwörungen in Schach halten oder sich geneigt zu machen versuchten.

Die ersten, in das heutige Amerika vor rund 15 000 Jahren über eine damals existierende Landbrücke zwischen dem Osten Sibiriens und dem heutigen Alaska einfallenden Jägerhorden wußten um den Gebrauch und die Beherrschung des Feuers und um die Herstellung von Waffen und Geräten, so primitiv sie auch sein mochten. Sie hielten sich bereits ein Haustier, den Hund; sie bedienten sich einer Ursprache und hegten vermutlich vage Vorstellungen vom Jenseits. Ihr äußeres Erscheinungsbild entsprach dem der heutigen Indianer. In Amerika gab es kein äußerliches Pendant zu »unserem« Neandertaler.

Zwischen Mann und Frau bestand eine klar definierte Aufgabenteilung. Ohne Wenn und Aber war es die seinerzeit einzig denkbare Existenzform.

Schon vor ihrem Einzug in die Neue Welt waren die Uramerikaner – wie auch das »missing link« beschaffen sein mochte – von jenem Blitz getroffen, der den *homo erectus* zum *homo sapiens* machte. Die technische Aufgabenteilung zwischen Mann und Frau in dieser Epoche können wir zwar prinzipiell symbiotisch nennen, doch zeichnen sich bereits die Grundzüge von emotionalen und sozialen Strukturen ab, wie sie nun einmal uns Menschen vorbehalten sind.

Die Männer als die meist physisch kräftigeren, die psychisch aggressiveren sorgten durch die Jagd für die zu einem hohen Prozentsatz aus Fleisch bestehende Nahrung und für den Schutz der eigenen Sippe. Die Frauen übernahmen den meist größeren und aufwendigeren Rest.

Ob diese Aufgabenverteilung in unserem Sinne »gerecht« oder »ungerecht« war, steht auf einem anderen Blatt. Gerechtigkeit, Fairneß oder Barmherzigkeit gibt es nicht in der Natur. Auch das Dasein der amerikanischen Steinzeitmänner war alles andere als ein Zuckerschlekken. Die Jäger brauchten Regenerationszeiten, um den drückenden psychischen und physischen Streß abzubauen, um der permanent neu erwachsenden Aufgabe des Beutemachens gerecht zu werden.

Die Frauen stellten nicht nur die Unterkünfte her, sie stellten sie auch auf. Sie gerbten die Felle, nähten die Kleider und bereiteten die Mahlzeiten. Sie sorgten für eine begrenzte Vorratswirtschaft. Sie bekamen die Kinder und zogen sie auf. Sie waren verantwortlich für die tausendundeine der kleineren Handreichungen und Aufgaben, die ein Wildniscamp auch für Paläo-Indianer zu einem Heim machten. Sie waren von morgens bis abends mit oft eintönigen und ermüdenden Arbeiten beschäftigt.

Wurde das Camp verlegt, weil der Wildbestand erschöpft war oder sich eine Bedrohung durch andere Horden abzeichnete, aber auch, wenn die Medizinmänner

Pueblo-Indianerin mit Kind

aufgrund finsterer, von ihnen negativ gedeuteter Anzeichen ein längeres Verweilen als nicht mehr opportun ansahen, packten sich die Frauen die Babys auf den Rükken, buckelten den übrigen mageren Besitz auf und zogen los. Möglicherweise wurden sie beim Lastenschleppen durch einige Packhunde unterstützt. Es wäre ihnen nie in den Sinn gekommen, die schwere Habe auch auf die Schultern der Männer zu verteilen. Diese mußten beweglich sein, mußten vorsichtig die Reiseroute und die fremde Umwelt erkunden; sie mußten die Hände frei haben, um durch die Jagd für die Verpflegung zu sorgen und ihrer Schutzfunktion nachzukommen. Die Männer fertigten, reparierten und pflegten ihre Waffen, darüber hinaus beschränkten sie sich auf die Jagd und hin und wieder - sowie ihnen die Existenzsicherung Zeit ließ - den Krieg.

Der alte, von Rheumatismus und Gicht geplagte Jäger, das sich nur noch mühsam fortschleppende, alte Weiblein konnte in jener Epoche bei den langen Märschen durch meist unwegsames Gelände nicht mithalten. Sie wurden scheinbar gnadenlos von ihren eigenen Kindern zurückgelassen und dem langsamen, sicheren Tod überantwortet. Humane Rücksichtnahme hätte die Überlebenschancen der Horde beeinträchtigt.

Relativ selten kam es so weit, denn die meisten Paläo-Indianer und -Indianerinnen starben relativ jung. In vielen Fällen überlebten die Frauen nicht das Kindbett; die Männer kamen im Kampf oder bei der Jagd ums Leben. Oft genügte eine kleine Verletzung, um eine Infektion und den Tod herbeizuführen.

Die Heilmethoden der Medizinmänner und der wenigen Medizinfrauen bestanden eher in oft vergeblichen Versuchen, mit Schwarzer oder Weißer Magie eine Genesung herbeizuführen, als daß die frühen Doktoren und Doktorinnen über echte, medizinische Möglichkeiten verfügten. Aber die meisten Frauen konnten Blut stillen, Wunden versorgen, lindernde Getränke brauen, kannten gewisse Heilkräuter, mit denen sie in einzelnen Fällen auch das Fieber bekämpften - doch gegen organische Krankheiten waren sie ebenso machtlos wie die Schamanen, die frühen Ärzte und Scharlatane unseres Kulturkreises. Das galt auch für Gicht und Rheumatismus sowie für die durch den Rauch der Koch- und Wärmfeuer in den Unterkünften bedingten Augenkrankheiten.

Von denen, die »zu lange« überlebten, wählten manche irgendeine Form des Freitodes, um das eigene Schicksal nicht aus der Hand zu geben. Natürlich waren da auch andere, die sich ans Leben klammerten und es nicht freiwillig hingeben wollten.

*

Inzest war mit wirksamen, streng beachteten Tabus belegt, doch nicht zwangsläufig die Inzucht. Kontakte zwischen den weit auseinanderlebenden einzelnen Horden gestalteten sich schwierig und gefährlich. Die Familien ließen nur ungern ihre Töchter zu entfernter lebenden Gruppen ziehen, denn das bedeutete eine Schwächung der eigenen Überlebensmöglichkeit. Ein sich in den Familienverband eingliedernder Schwiegersohn, also ein neuer Jäger und Krieger, war in der Regel eine Verstärkung und verhieß verbesserte Versorgung und wirksameren Schutz. Aber ohne ein heiratsfähiges Mädchen gab es auch keinen Schwiegersohn!

Die Rolle der Frau in solch einer urtümlichen Jäger- und Sammlergesellschaft war scheinbar unterpriviligiert.

Sie konnte weder aus ihr heraus, noch wollte sie es. Die paläo-indianischen Frauen kannten nichts anderes und sahen wohl auch instinktiv ein, daß unter den vorgegebenen Lebensumständen nichts anderes möglich war.

Die in den Augen der Männer untergeordnete Rolle der Frau wurde durch das Mysterium der Menstruation bestätigt. Frauen in diesem für Männer unbegreiflichen Zustand galten als unrein und dem Angriff böser Geister schutzlos ausgesetzt, wenn nicht gar ausgeliefert. Das Übel nahm vorübergehend von ihnen Besitz, und für die anderen Sippenmitglieder war es gefährlich, sich ihnen zu nähern. Menstruierende Frauen wurden für die entsprechenden Zeiten abgesondert und mußten sich danach durch Waschungen und allerhand Riten »reinigen«, um den Status eines vollwertigen Mitgliedes der Sippe wiederzuerlangen.

Bezeichnend ist in diesem Zusammenhang, daß bei den meisten Stämmen eine Frau erst nach dem Klimakterium eine Ratsposition einnehmen oder zum Status einer Medizinfrau aufsteigen konnte.

Bei den seltenen Zwillingsgeburten wurden meist – doch nicht immer – beide Kinder getötet, da dieses Phänomen als schlechtes Omen galt. Mißgeburten wurden in unseren Augen gnadenlos »ausgemerzt«. In Zeiten der größten Not setzte man neugeborene Mädchen aus. In der Vorstellung der Paläo-Indianer scheint dieser grausige Vorgang eine mystisch-magische Handlung gewesen zu sein, eine Form der Beschwörung, sich der Zuneigung der Geister zu versichern. Es ist unwahrscheinlich, daß die Steinzeitmenschen Amerikas bewußt die Zahl der gebärfähigen Stammesmitglieder beschränkten und damit einer Überbevölkerung vorbeugten. Doch wie fast alle Opfer, Tabus oder Rituale war dieser barbarische Vorgang, wenn auch für uns nicht nachvollziehbar, in letzter Konsequenz sinnvoll.

*

Aus hunderttausendfacher und zehntausendjähriger Erfahrung im Kampf ums Überleben hatten sich von der Umwelt geprägte, mehr oder weniger zwangsläufig festgefügte Verhaltensformen, Sitten, Gebräuche und Mythen entwickelt. Sie waren die Vorgaben, nach denen die vorgeschichtlichen Menschenrassen, nach denen auch die Indianer innerhalb ihrer konservativen Jäger- und Sammlerkultur lebten. In der das Fleisch ihrer Tierbeute die wichtigste Nahrungsquelle darstellte, die ihre Existenz sicherte.

Hätten sich die Uramerikaner zu Vegetariern entwikkelt oder zu konsequenten Ackerbauern, hätte ihre Zukunft wohl anders ausgesehen. Ein spekulativer, durchaus nicht uninteressanter Gesichtspunkt.

Im Gegensatz zum Hinteren und vor allem Vorderen Orient, der »Wiege unserer europäischen Kultur«, ging die Evolution in weiten Teilen Nordamerikas mit so unendlich langsamen und winzigen Schritten voran, daß sich die Lebensform eines Großteils der indianischen Zeitgenossen des Christoph Columbus von den ersten, vor 15 000 Jahren angekommenen asiatischen Jägerhorden nicht sonderlich unterschied – wobei die Hochkulturen Mittel- oder Südamerikas, teilweise auch die des amerikanischen Südwestens ausdrücklich ausgenommen seien. Doch im eklatanten Gegensatz zu Vorderasien und dem südöstlichen Europa leiteten diese Kulturen keine durchgreifenden, die Kontinente umspannenden, evolutionären Revolutionen ein. Andere, auf Ackerbau basierende evolutionären Phasen, wie die Mound-Epochen im amerikanischen Osten, erwiesen sich auf Dauer als nicht überlebensfähig und verschwanden auch ohne den zerstörerischen Einfluß der Weißen wieder von der Bildfläche. Hier ist sogar ein Rückschritt aus einer ackerbaulich geprägten Phase in die Jäger- und Sammlerstrukturen zu verzeichnen.

Ob es am Fehlen so wichtiger Haustiere wie Rind und Pferd in Nordamerika lag – oder ob die Bedeutung des Rades nicht erkannt wurde? Ob der Grund darin bestand, daß sich die Metallverarbeitung auf die Herstellung von Schmuck und das Kalthämmern von Kupfer beschränkte? Jedenfalls zerbrechen sich die Wissenschaftler nach wie vor die Köpfe darüber, ohne eine Antwort zu finden. Eins jedenfalls spricht klar und eindeutig aus diesem Phänomen: die grundsätzlich konservative Haltung der indianischen Rasse. Sie war bereit, Neuerungen anzunehmen, aber nicht, sie umzusetzen oder weiterzuentwikkeln. Ein Gesichtspunkt, der vor allem für die Rolle der Indianerin auch nach dem Einfall der Weißen und den damit verbundenen Umwälzungen eine fundamentale Bedeutung haben sollte.

*

Angesichts der ehemals engen Beziehungen zur Natur und der oft marginalen Überlebensbedingungen konnte und durfte einem so wichtigen, auf Dauer geplanten Schritt wie die Ehe nicht der mehr oder minder spontane Entschluß eines der beiden Partner oder eine kurzfristige emotionale Aufwallung zugrunde liegen. Hierbei war unerheblich, in welcher äußeren Form die Ehe geschlossen wurde oder wie heftig die Gefühle mitspielten. Schon beim Eingehen der Verbindung mußte bedacht werden, daß sich im Gegensatz zu unserer modernen Gesellschaft kaum eine Chance zur dauerhaften Flucht vor dem einstigen Partner auftun würde. Der Ausweg, alles hinter sich zu lassen, bei einem anderen Stamm oder gar einem anderen Volk neu anzufangen, existierte für die Indianer nicht. Allenfalls Versuche, sich aus dem Weg zu gehen, waren denkbar. Man konnte und durfte sich trennen, doch verblieben die entzweiten Partner innerhalb ihrer Clans. Ohne die eigene Sippe oder die vertraute Stammesgemeinschaft fühlten sie sich - ob Frau oder Mann - ausgeliefert und verlassen. Ein jämmerlicher Zustand, dem sie mitunter den Tod vorzogen.

Vollkommen frei und nach dem Gefühl zu entscheiden, sprich: allein der Liebe zu folgen, das konnten und durften diese Naturmenschen nicht - unter Beachtung wichtiger Tabus. Für die Frau war von größter Bedeutung, ob der Mann in der Lage war, sie zu beschützen und, den kommenden Nachwuchs eingeschlossen, auch zu versorgen. Umgekehrt war für den Mann bedeutsam, daß die Frau ihre Aufgaben erfüllen konnte - ganz unabhängig davon, wie »gerecht« die Lasten verteilt waren. Selbstverständlich war, daß die Kandidaten einen Blick auf die jeweilige Familie des künftigen Partners warfen. Gute Jäger oder Krieger, tüchtige Frauen versprachen Kontinuität. Obwohl die Indianer sehr bewußt in der Gegenwart lebten, waren die Regeln, nach der Stamm, Sippe und Familien ihre Aufgaben bewältigten, in der Vergangenheit angesiedelt und hatten sich bewährt. Wurden die Regeln über Bord geworfen, standen Gegenwart und Zukunft auf tönernen Füßen. Innerhalb dieser Voraussetzungen wurden zwar Bewegungsfreiheiten und Wahlmöglichkeiten eingeräumt, doch das Prinzip mußte unter allen Umständen eingehalten werden. Paare, zwischen denen von vornherein keine Harmonie zu erwarten war, wurden keineswegs zu einer Verbindung gezwungen. Toleranz, in bestimmten Grenzen, war eine Grundtendenz der indianischen Gesellschaft.

Bei manchen Stämmen war es üblich, daß die Jungverheirateten das erste Jahr oder noch länger im Wigwam der Brautmutter zubringen mußten. Wobei allerdings überliefert ist, daß die Schwiegermutter meist auf der Seite des angeheirateten jungen Mannes stand, während die eigenen Schwestern sich bei Auseinandersetzungen auf die Seite der Braut schlugen.

Auf Dauer ledig zu bleiben, war ungewöhnlich. Junge homosexuelle Männer trugen alsbald Frauenkleider und übernahmen Frauenaufgaben. Weniger häufig traf man »eternal virgins« - »ewige Jungfrauen« - an, die das Zusammenleben mit einem Mann schlankweg ablehnten. Manche beschritten statt dessen den Kriegspfad. Die Indianer akzeptierten auch diese Formen der menschlichen Existenz, jedoch blieben die traditionelle Partnerschaftsformen negierenden Personen wenig respektierte Außenseiter.

Ein vierzehn- oder fünfzehnjähriges Mädchen, ein siebzehn oder achtzehn Jahre alter Junge besaßen nicht die für eine richtige Partnerwahl notwendige Lebenserfahrung - sollte doch gewährleistet werden, daß die künftige Gemeinschaft sich positiv auf die Existenz des Stammes auswirkte. In der Rückkopplung bedeutete das auch für das Paar selbst Sicherheit und gedeihliches Fortkommen. Da mußten die Älteren, also die Familien, die Wahl mitbestimmen und Rang, Besitz, Brautgeld, Tabuvorschriften streng beachten. In einzelnen Stämmen »heirateten« junge Männer ältere Frauen und umgekehrt auf Zeit.

Acoma-Frau

In der Regel waren die Indianer monogam – doch mit verbesserten Lebensumständen und vermehrtem »Reichtum« konnte ein Mann durchaus zwei oder mehrere Frauen zu seinem Hausstand zählen. Wenn möglich, bevorzugten beide Seiten ein Arrangement, daß ein wohlhabender oder erfolgreicher Mann eine oder zwei Schwestern seiner Frau zusätzlich in seinen Hausstand aufnahm. Wie am Beispiel der später zitierten Fanny Kelly ersichtlich, wurden auch »Sklavinnen«, das heißt auf Kriegszügen erbeutete Gefangene, in den Stamm integriert. Dabei war der Status von Hauptfrau, Nebenfrau, Dienerin und Sklavin fließend.

In manchen Fällen hatte die zweite Frau eines Kriegers den Status einer »Gattin auf Zeit«. Sie blieb als »Nebenfrau« mit einem Mann verbunden, bis der Platz neben einem anderen Mann für sie frei wurde oder bis das Arrangement eines »Verkaufes« getroffen werden konnte. Glücklicherweise war ein solches Vorgehen ganz selten gegen den Willen der Betroffenen möglich. Andernfalls hätte sie ihren aufgezwungenen Partner bald wieder verlassen, was zu unabsehbaren Verwicklungen geführt hätte und um des lieben Friedens innerhalb des Stammes willen unbedingt vermieden werden mußte.

Polyandrie – der Zustand, daß eine Frau zwei oder mehr Männer hatte – wurde zwar bei den Inuit (verächtlich »Eskimos« – Rohfleischfresser – genannt) praktiziert, war aber unter den Indianern fast unbekannt. Die Erklärung ist ganz einfach: Männer waren viel häufiger als Frauen den Gefahren für Leib und Leben ausgesetzt. Hinzu kam, daß Männer diese Gefahren zusätzlich in ihren Kriegszügen suchten, um ihr Macho-Prestige zu erhöhen. Dementsprechend befanden sich die männlichen Geschlechtspartner und Versorger über das natürliche Verhältnis hinaus latent in der Unterzahl. Auch diese Tatsache schuf die Basis für polygame Verhältnisse: Die Witwen blieben mit ihren Kindern selbst dann nicht allein, wenn es an ungebundenen, aufnahmebereiten und -fähigen Männern außerhalb der Verwandtschaft fehlte. Sie wurden von ihren Schwägern, oder - wie bei den Sioux - von dem »hunka«, dem Kampfgefährten ihres Mannes, aufgenommen, versorgt und durften beziehungsweise mußten auch dessen Lager teilen.

Bei manchen Stämmen war das Levirat Institution: Wenn der Mann umkam, fiel ganz automatisch dessen Bruder oder auch dem weiteren nächsten Verwandten, dem Cousin, die Aufgabe zu, Frau und Kinder des Verblichenen aufzunehmen und zu versorgen. Umgekehrt traten unverheiratete Schwestern oder Cousinen automatisch nach dem Tod der Ehefrau an deren Stelle.

*

Bei näherer Betrachtung der historischen Entwicklung der indianischen Gesellschaft kommt man zu der erstaunlichen Erkenntnis, daß nur das »Goldene Zeitalter« der Reitervölker der Prärie von männlicher Dominanz geprägt war. Hierbei handelt es sich um eine räumlich wie zeitlich begrenzte, relativ kurze Epoche der langen indianischen Geschichte, während der man von einer männlichen »Chauvinisten-Gesellschaft« reden darf. In diesem Zusammenhang ist wichtig, daß es sich bei der Nutzung des Pferdes und der damit verbundenen Verbesserung der Lebensverhältnisse um eine rein technische Evolution handelte, mit dem kein zivilisatorisch-kultureller Fortschritt einherging. Die Sozialstrukturen - und damit die Rolle der Frau - blieben, auch bedingt durch die traditionell konservative Haltung der Eingeborenen Nordamerikas, auf dem Niveau von Steinzeitmenschen stehen. Fast ausschließlich die Männer waren die Nutznießer der neuen Lebensform.

Die kaum weniger spektakulär als die Präriereiter agierenden Völker und Stämme, darunter auch die so kriegerischen Irokesen, die »Preußen unter den Rothäuten«, waren matriarchalisch orientiert. Die Stammbäume folgten bei ihnen der mütterlichen Linie. Es war das Privileg der Clanmütter, die Häuptlinge zu wählen und diese auch in die Wüste zu schicken, wenn sie ihren Ansprüchen nicht genügten. Ihr Einfluß umfaßte alle Lebensbereiche, ausgenommen die direkte kriegerische Auseinandersetzung.

Bei den meisten Stämmen der übrigen Waldindianer war die Frau die Besitzerin des Wigwams und aller Haushaltsgegenstände. Sie behielt diese materiellen Güter unangefochten auch nach ihrer Witwenschaft oder nach ihrer Scheidung. Das »Vermögen« wurde in vielen Fällen von der Mutter an die Tochter vererbt.

Navajo-Frauen waren und sind heute noch traditionell »wohlhabender« als ihre Männer. Sie behielten und behalten die Einkünfte aus ihrem Wollespinnen und Handweben. Die Söhne führen den Namen der Mutter. Scheidung war für sie früher problemlos: Es konnte durchaus passieren, daß der Mann von der Jagd oder aus dem Krieg heimkam, und er fand sein Medizinbündel, seine Dekken und seinen übrigen kleinen Besitz vor der Tür. Er hatte keine andere Möglichkeit, als seine Habe zusammenzupacken und sonstwo, meist im Hogan seiner Mutter, zumindest temporär, Unterschlupf zu suchen.

Oder aber die unzufriedene Frau provozierte solange ihren Mann und stichelte an ihm herum, bis dieser

Navajo-Weberinnen

zuschlug: Womit sie endlich einen im wahren Sinne des Wortes handfesten Grund hatte, den mißliebigen Partner an die Luft zu setzen. In diesem Fall gewaltsam sein Bleiben zu erzwingen, hätte einen nicht wieder gutzumachenden Gesichtsverlust des Mannes bedeutet, den sich kein Indianer von echtem Schrot und Korn leisten konnte.

Trotz aller allgemein gültigen Grundtendenzen: Die Aufsplitterung der Urbevölkerung Nordamerikas in schätzungsweise 600 Stämme mit den unterschiedlichsten Sprachen, Lebensformen, Kulturstufen und Umweltbedingungen macht es ummöglich, von »der« Indianerin schlechthin zu reden. Es existieren zwar durchgängig erkennbare Gemeinsamkeiten, doch gibt es ebenso große Unterschiede, wie es sie in Europa einmal zwischen einer Sizilianerin und einer am Eismeer lebenden Norwegerin gab. Vor allem dürfen wir eines nicht vergessen: Auch unter den Angehörigen einer Lebensform, eines Stammes oder Clans, gab und gibt es die unterschiedlichsten Individuen - bei den Indianerinnen, bei den weißen und bei allen anderen Frauen dieser Welt.

Als die ersten europäischen Forscher oder auch frühe Reisende mit den ursprünglichen Indianerkulturen in Berührung kamen, bot sich ihnen in vielen Fällen das sattsam bekannte Bild der hart und ständig arbeitenden Frauen und der scheinbar faul herumlungernden Männer. Der Eindruck war richtig, doch meist nur vordergründig.

Die Entdecker und frühen Forscher reflektierten nun einmal die eigene Denkweise in ihren Berichten: Sie bewunderten die Jäger, die aufgrund ihrer Vertrautheit mit der sie umgebenden Natur, mit ihrem ungebrochenen Instinkt, ihrer raschen Auffassungsgabe, ihrer Zähigkeit, Geduld, Leidensfähigkeit und ihrer aus der Erfahrung gewonnenen Kenntnis der Gewohnheiten des Wildes auch mit primitiven Waffen erfolgreich waren. Daneben hatten die Berichterstatter nur wenige, allenfalls mitleidige Blicke für »die Dinge, die den Frauen oblagen«. Die große Chance, direkt etwas über die Lebensumstände, die Freuden und Ängste, über die Vorstellungswelt der Indianerinnen zu erfahren, wurde von ihnen leichtsinnig und kurzsichtig vertan.

Die Beothuk-Frauen: Letzte Überlebende eines Steinzeitvolkes

Irgendwann zu Beginn des 19. Jahrhunderts erinnerte sich die Wissenschaft, daß im seit den ersten Entdeckerjahren besiedelten Neufundland – das heißt in der weitgehend bekannten nördlichen, sogenannten gemäßigten Zone unserer Welt – eine kleine, isolierte indianische Volksgruppe überlebt hatte, die in teils selbstgewählter, teils aufgezwungener Abgeschiedenheit nach wie vor das Dasein von Steinzeitmenschen führte. Die Chance bot sich für die Wissenschaft, diese urspüngliche Lebensform zu studieren und unschätzbar wertvolle Erkenntnisse zu gewinnen. Die Zeichen standen auf Alarm, denn diese Volksgruppe war vom Aussterben bedroht.

Ich spreche von den Beothuk auf Neufundland. Zahlenmäßig waren sie nie besonders bedeutend: Ursprünglich waren sie vielleicht 2 000, höchstens 3 000 sogenannte Primitive, Angehörige des weitgefächerten Algonquin-Volkes, die auf dem felsigen, von fast undurchdringlichen, struppig-widerborstigen Wäldern bedeckten Eiland vor der St.-Lorenz-Mündung im Osten Kanadas hausten.

Obwohl ihre Existenz seit rund 300 Jahren bekannt war, obwohl sie es vielleicht waren, die für die Bezeichnung »Rothäute« verantwortlich zeichneten, weil sie nicht nur ihre Gesichter und Körper, sondern auch alle Gebrauchsgegenstände mit Ocker bemalten, obwohl sie zu den ersten Eingeborenen der Neuen Welt gehörten, die nur wenige Jahre nach den Entdeckungsreisen des Christoph Columbus mit portugiesischen, baskischen, spanischen, englischen und französischen Seefahrern in Kontakt kamen, wußte man so gut wie nichts über ihre Lebensumstände, geschweige denn über ihr Denken und Fühlen.

Erst als man sich in der zweiten Dekade des 19. Jahrhunderts der Tatsache bewußt wurde, daß ihre Zahl auf wenige Dutzend geschrumpft war, unternahmen die Verantwortlichen der britischen Kolonialmacht halbherzige Versuche, mit diesen fremdartigen Menschen freundschaftliche Kontakte aufzunehmen. Bis dahin waren sie erbarmungslos gejagt und niedergemetzelt worden, wann und wo auch immer man sie antraf. Zuerst, weil man sich vor ihnen fürchtete, dann als Vergeltung gegen den gelegentlichen Diebstahl von Werkzeugen, später aus Habsucht, weil man die von ihnen erbeuteten Pelze in klingende Münze umwandeln konnte. Aber auch aus reiner Mordlust stellte man ihnen nach wie einem exotischen, scheuen Wild. Unbemerkt vom Rest der Welt hatte sich das Drama eines schrittweisen, sinnlosen Genozids abgespielt.

Daß die kläglichen Reste der Beothuk überhaupt so lange überlebt hatten, verdankten sie einzig und allein der Tatsache, daß naturgemäß die Siedlungen der Fischer an den Küsten lagen, daß das unwirtliche, kaum zugängliche Landesinnere zu jeglicher Kolonisation von den Weißen als unbrauchbar und wertlos erachtet wurde.

Diese Weißen – auch hier die Eindringlinge – hatten in der Vergangenheit den Beothuk angelastet, sie hätten ihnen ihre lebenswichtigen eisernen Werkzeuge gestohlen, was in einzelnen Fällen wohl auch der Fall war. Aber die Usurpatoren hatten die Eingeborenen im Gegenzug bedenkenlos von einer extrem wichtigen Existenzquelle abgeschnitten: von den Muschelbänken, den Brutstätten der Seevögel, von den küstennahen Fischgründen, vom Walfang, den Rastplätzen der Seehunde. Hier waren für die Beothuk Nahrungsquellen, die den gleichen Stellenwert wie die des Inlandes besaßen: Caribou, Biber, Bisam, Bär, Karnickel, Lachs und Forelle des Süßwassers sowie die Wurzeln und Beeren sorgten dort fürs Überleben.

Um die Effektivität ihrer Jagdwaffen zu verbessern und die ihnen gebliebenen Ressourcen besser nutzen zu können, waren die Roten gezwungen, sich der Mittel der Weißen »zu bedienen«. Was wiederum zu Mord und Todschlag führte, deren Opfer fast ausschließlich die Indianer waren. Ein Teufelskreis, der sich als roter Faden durch die gesamte Eroberungs- und Unterdrückungsgeschichte Amerikas zieht.

Bedingt durch die zuvor über die Jahrtausende hinweg genossene »splendid isolation« der Insellage Neufundlands und durch die damit verbundenen friedlichen Zeiten, waren die Beothuk ein harmloses, kaum aggressives Volk geblieben, das nur in ganz seltenen Fällen ihren Peinigern mit gleicher Münze zurückzahlte. Es ist wahrscheinlich, daß sie keinen einzigen Schuß aus einer Feuerwaffe abfeuerten, obwohl sie sich gar nicht so selten in den Besitz dieser mörderischen Gerätschaften hätten bringen können. Ihr einziger Fehler aus der Sicht der Weißen bestand darin: Sie stahlen hin und wieder deren Gerätschaften. Sie besaßen andererseits aber auch Felle und Pelze, die man zu gutem Geld machen konnte. Vor allem aber wehrten sie sich kaum, wenn es gelungen war, sie aufzuspüren, zu berauben, wie wilde Tiere zu jagen und abzuschießen.

Die gnadenlose Menschenjagd ging Hand in Hand mit eingeschleppten Krankheiten wie der Tuberkulose. Beides hatte ganz offensichtlich ihre Zahl bereits um 1800 auf wenige Dutzend dezimiert.

Endlich - als es eigentlich schon zu spät war - bemühte man sich von »weißer« Seite her um freundschaftliche Kontakte, die sich verständlicherweise sehr schwierig gestalteten. Die Eingeborenen waren von Natur aus scheu; sie mißtrauten aus böser Erfahrung und gutem Grund ihren hellhäutigen, bärtigen Peinigern. Nachdem mehrere Kontaktversuche sich als ergebnislos erwiesen hatten, probierte man es mit einer abenteuerlichen Taktik: Die Behörden lobten eine Prämie von erst 50, dann gar von 100 Pfund aus für denjenigen, der eine oder einen lebenden Beothuk einfangen und in die Inselhauptstadt St. John's bringen würde.

Dort würde man den »Wilden« oder die »Wilde« mit aller Aufmerksamkeit behandeln, ihn oder sie mit den Annehmlichkeiten der weißen Zivilisation soweit wie möglich vertraut machen. Darauf sollte er oder sie, mit Geschenken beladen, zu den Seinen oder Ihren zurückgeschickt werden.

Tatsächlich wurde im Jahr 1804 eine alte Beothuk-Frau nach St. John's gebracht. Die »Fänger« kassierten die Belohnung. Ein paar Wochen lang behandelte man das »wilde« Weiblein mit aller Aufmerksamkeit. Wie und in welcher Form man zuwege ging, ist leider nicht überliefert. Zum schlechten Schluß schickte man sie - vermeintlich reich beschenkt - zu ihren Leuten zurück. Was dann geschah, konnte nie geklärt werden: Kenner der Szene hielten es für möglich, daß die aus einheimischen Fischern bestehende Begleitmannschaft die arme Frau tötete und sich der für ihre Stammesverwandten bestimmten Geschenke bemächtigte. Es gab damals auf Neufundland und sonstwo genug weiße Männer, die sich viel eher die Bezeichnung »Wilde« verdient hätten als die in den Wäldern hausenden Beothuk.

*

Nach diesem vergeblichen Versuch einer »friedlichen« Kontaktaufnahme geriet auch das nächste Unternehmen zu einem Desaster: Als im Spätwinter des Jahres 1819 eine schwerbewaffnete Gruppe Weißer im Landesinnern einige Eingeborene überraschte, töteten sie zuerst den Mann und auch den Bruder von Demasduit, der später Mary March genannten Frau, um diese als Gefangene nach St. John's zu überführen. Dort sollte sie mit den Segnungen der Zivilisation vertraut gemacht und von der Überlegenheit der weißen Kultur überzeugt werden. Diese unsägliche, mörderische Methode, sich eines menschlichen, etwa 23jährigen »Specimen« weiblichen Geschlechts zu bemächtigen und die damit verbundene, blutige weitere Reduzierung der Zahl der überlebenden Beothuk zeugt von der Geisteshaltung und auch von der Wertschätzung, die man den Ureinwohnern Neufundlands entgegenbrachte. Einmal davon abgesehen, war ein solches Vorgehen alles andere als geeignet, das Vertrauen der Betroffenen zu gewinnen.

Man brachte Demasduit - die spätere Mary March - in die Hauptstadt der Kolonie, also nach St. John's. In einem offiziellen Bericht wird sie so beschrieben: »Sie trug ihr Haar ähnlich wie die Europäerinnen, ihre Hautfarbe war kupferfarben, ihre Augen waren schwarz. Ihr Wesen war von bescheidener Sanftmütigkeit. Sie war sehr aktiv und von angenehmem Charakter. In dieser Hinsicht unterschied sie sich von den Micmac und den übrigen Indianern, mit denen wir Kontakt haben.«

Mary March

Ein in Öl gemaltes Porträt zeigt ein attraktives Gesicht mit großen, ausdrucksvollen Augen, hohen Backenknochen, mit feingeschnittenen, ansprechenden Zügen.

Captain Robinson bestätigt diesen Eindruck: »Sie war anders als eine Eskimo-Frau, sowohl vom Gesichtsschnitt wie auch von der Figur her. Sie war groß und von kräftigem Körperbau. Ihre Glieder, besonders die Arme, waren eher schmal und delikat geformt. Hände und Füße waren klein und wunderschön gestaltet, und sie war sehr stolz darauf. Ihre Gesichtsfarbe war von einem lichten Kupferton und wurde nach häufigerem Waschen und der Abstinenz vom schwärzenden Rauch der Campfeuer fast so hell wie die einer Europäerin. Ihr Haar war schwarz, und es gehörte zu ihren Lieblingsbeschäftigungen, es zu kämmen und zu ölen. Ihre Augen waren größer und intelligenter als die der Eskimos. Ihre Zähne waren klein, weiß und regelmäßig. Ihre Wangenknochen waren hoch, ihr Gesamteindruck weich und angenehm. Ihre Stimme war sanft, wohlklingend und melodisch.«

Leider wissen wir nichts über das Innenleben, das Denken und Fühlen von Demasduit alias Mary March. Ihre Gesundheit erwies sich als überaus fragil; sie hatte Tuberkulose. Ihr Zustand verschlechterte sich rasch. Die Behörden sahen keinen anderen Ausweg, als die Gefangene – noch lebend, wie sie hofften – im Herbst dahin zurückzubringen, wo man sie vor Monaten mit blutiger Gewalt geraubt hatte: in das Eingeborenencamp am Exploits River.

Demasduit alias Mary March überlebte die Reise zurück in ihre Heimat nicht; sie starb unterwegs. Der mit der Aufgabe der Rückführung betraute Captain Buchan brachte ihre Leiche auf einem Hundeschlitten bis zu dem exakten Ort ihrer Gefangennahme. Dort ließ er sie aufbahren und mit Geschenken umgeben. Als sich nach längerem Warten kein Beothuk zeigte, zog sich Buchan mit seinen Männern zurück. Im Gegensatz zu den neufundländischen Fischern bewies dieser schottische Offizier immerhin seinen guten Willen. Ob es die richtige Methode war, den Eingeborenen den Leichnam ihrer Gefährtin als Friedenspalme zu präsentieren, ist jedoch mehr als fraglich.

*

Im Frühjahr des Jahres 1823 sichteten neufundländische Pelztierjäger eine ältere »wilde« Frau und ihre beiden Töchter. Es ist unwahrscheinlich, daß die Trapper mit den halbverhungerten und völlig erschöpften Wesen großes Mitleid hatten, sondern eher die Aussicht auf jene immer noch im Raum stehende Belohnung von hundert Pfund, die den Frauen, vorläufig zumindest, das Leben rettete. Doch es war auch noch jemand anderes im Spiel: der Mann der älteren und Vater der beiden jungen Frauen. Bei einem Fluchtversuch brach er angeblich durch das dünne Eis eines Baches und ertrank. Wie sich später herausstellte, waren erst ein paar Wochen zuvor der Bruder des Unglücklichen und dessen Tochter von zwei anderen weißen Trappern grundlos und mutwillig erschossen worden.

Die drei Frauen, die Mutter und ihre beiden Töchter, wurden ebenfalls nach St. John's gebracht. Dort hielt man sie vier oder fünf Wochen fest, »um sie mit der Zivilisation vertraut zu machen«. Dann schickte man sie zurück zu jenem fatalen Schauplatz des Dramas um Demasduit oder Mary March, in die Nähe des Eingeborenenlagers am Exploits River. Man ließ ihnen Geschenke und etwas Verpflegung und hoffte, daß sich ihre Stammesangehörigen alsbald einfinden würden und sich aufgrund der Erfahrungen und Erzählungen der Frauen von den inzwischen friedlichen Absichten zumindest eines Teiles der Weißen überzeugen ließen.

Doch nicht eine einzige Rothaut tauchte bei den ausgesetzten Frauen auf. Anscheinend wußten die drei sich - nachdem die Verpflegung aufgebraucht war - nicht anders zu helfen, als sich flußabwärts zu den Siedlungen der Weißen an der Mündung des Exploits River durchzuschlagen. Erst später wurde deutlich, daß es ein weiteres Motiv für die Beothuk-Frauen gab, sich in Richtung der Weißen zu »retten«. Nach einem Aufenthalt bei den »feindlichen« Menschen galten die Frauen als benutzt, beschmutzt und unrein - waren so mit einem Fluch belegt. Um sie von dieser Schmach zu reinigen, hätten ihre eigenen Angehörigen die Unglücklichen bei lebendigem Leibe verbrannt.

Die Frauen wählten - auch eingedenk ihrer Erfahrungen in St. John's - das womöglich kleinere Übel. Trotzdem war es keine leichte Entscheidung, die sie treffen mußten, doch ihr Überlebenswille setzte sich schließlich durch.

Sie erreichten die Siedlung der Weißen erschöpft, aber lebend. Die Mutter und eine ihrer beiden Töchter starben kurz nach ihrer »Rettung«; die dritte Frau überlebte.

Danach gab es keinerlei Kontakte mehr zwischen Weißen und den Beothuk. Im folgenden Jahr, 1824 also, sichteten zwei vom Festland herübergekommene Micmac-Indianer zwei Kanus der Eingeborenen. Der Schauplatz war wieder einmal der Exploits River. Angeblich wurden freundliche Gesten über die Distanz hinweg getauscht, doch kam es zu keiner direkten Begegnung. Die letzten

Spuren der ersten Neufundländer wurden im Frühjahr 1826 angeblich wieder von jagenden Festland-Indianern am sogenannten Grand Lake, weit im Landesinnern, gesichtet – wo sie sich in der Wildnis verloren.

Die Beothuk selbst waren und blieben von der Erdoberfläche verschwunden. Dieses Volk hatte zu existieren aufgehört – bis auf Shawnawdithit oder Nancy, wie sie auch genannt wurde. Sie war jene junge Frau, deren Mutter und Schwester gestorben waren, die selbst an der Mündung des Exploits River Aufnahme bei den dort ansässigen Fischern gefunden hatte. Und sie war die letzte Überlebende ihres Volkes.

Die junge Eingeborene lebte bei und mit der Familie des Peyton jun. Es ist nicht bekannt, ob man sie in St. John's einfach vergessen hatte oder ob man nicht wußte, was man mit ihr anfangen sollte.

Fünf Jahre verbrachte Shawnawdithit, genannt Nancy, mit den Peytons unter einem Dach. Über ihr Äußeres ist überliefert, daß sie mittelgroß und – wahrscheinlich durch Entbehrung und Hunger – anfangs dünn und zierlich war. Später wird ihre Figur als gutgeformt, als kräftig untersetzt beschrieben. Ihr Gesicht hätte eine recht dunkle Färbung gehabt. Sie sei sehr aufgeschlossen, intelligent und mit einem phänomenalen Gedächtnis ausgestattet gewesen und habe rasch Englisch gelernt. Sie habe ein ausgeprägtes Dankbarkeitsgefühl gezeigt, ebenso große Zuneigung zu ihren verblichenen Eltern und Freunden deutlich gemacht. Vor allem ihre Begabung, mit Blei- und Farbstiften umzugehen und zu zeichnen, wurde mit Erstaunen und Anerkennung vermerkt.

Es wird aber auch berichtet, daß sie sich zuweilen recht aufsässig ihrer Hausherrin gegenüber benahm. Dann verfiel sie angeblich in depressive Stimmungen, lungerte faul herum und lehnte schließlich auch die kleinsten Handreichungen ab. In diesem Gemütszustand riß sie mitunter aus und verbarg sich ein oder zwei Tage lang im Wald. Nach ihrer freiwilligen Rückkehr war sie jeweils in besserer Stimmung als zuvor. Sie wird auch als ein großes, meist nettes, dann wieder eigensinniges und reizbares Kind geschildert.

Shawnawdithit wurde wahrscheinlich von den Peytons ganz normal behandelt. Das heißt, sie teilte das einfache, manchmal harte, im Prinzip aber gute Leben einer neufundländischen Fischerfamilie. Es ging ihr nicht besser oder schlechter als den übrigen Männern und Frauen unter den damals gegebenen Lebensumständen.

Wahrscheinlich hätte Shawnawdithit oder Nancy seinerzeit ungeheuer viel über das Dasein einer Steinzeit-Indianerin, über ihre Gefühle, Hoffnungen und Ängste berichten können, vielleicht hätte sie bei einer sensiblen Befragung ihr ganzes Innenleben ausgebreitet. Aber auch diese Chance wurde verpaßt.

*

Erst nach sage und schreibe fünf Jahren eines Daseins in einer einsamen Fischersiedlung wurde die junge Beothuk-Frau am 20. September 1828 nach St. John's gebracht und in die Obhut einer kurz zuvor gegründeten »Beothuk Institution« überführt. Es sollte keine Minute zu früh sein. Im Gegensatz zu dem früheren Bericht sprach Shawnawdithit keineswegs Englisch, sondern ein nur nach langem, intensivem Hinhören verständliches Gemisch aus ihrer Muttersprache und dem Idiom der Weißen. Es dauerte eine Zeitlang, bis sich ihre Zuhörer daran gewöhnt hatten und wenigstens halbwegs mit ihr

Shawnawdithit

sprechen und, umgekehrt, bis sie sich selbst verständlich machen konnte.

Dagegen nutzte man von Anfang an ihr natürliches Zeichentalent, um überaus wertvolle Informationen über die äußeren Lebensumstände ihres Volkes zu erhalten. Unglücklicherweise war sie zu diesem Zeitpunkt schon durch die Geißel offenbar aller Eingeborenen dieser Insel, die Tuberkulose, sehr geschwächt und mußte zwischen den einzelnen Befragungen und Zeichenstunden lange Erholungspausen einlegen.

Leider sind bei allen Gesprächen und Interviews einmal mehr die Einblicke in das Gefühlsleben dieser Indianerinnen zu kurz gekommen. Trotzdem seien gewisse Rückschlüsse erlaubt.

Es scheint, daß die Beothuk-Frauen, im Gegensatz zu anderen Indianerinnen, einen durchaus annehmbaren Status genossen haben. Das geht schon aus ihrer Gewohnheit hervor, daß sie, wenn von Weißen überrascht und mit dem Tode bedroht, sich die Kleider von der Brust rissen. Das könnte als Zeichen sexueller Unterwerfung gedeutet werden - was es keinesfalls war, sondern die Geste sollte unmißverständlich zeigen, daß sie keine Männer, sondern Frauen waren, die auch von ihren Feinden Achtung oder zumindest Schonung erwarten durften.

Auch während ihres Zwangsaufenthalts bei den Weißen legten sowohl Demasduit oder Mary March wie auch Shawnawdithit alias Nancy großen Wert auf kleine Aufmerksamkeiten seitens der Männer in ihrer Umgebung. Beispielsweise schnürten sie, soweit es opportun war, nicht selbst ihre Mokassins, sondern bedeuteten den zufällig anwesenden Männern, sich wie Kavaliere zu verhalten und ihnen diese kleine Aufmerksamkeit angedeihen zu lassen. Das durfte von diesen allerdings nicht etwa als weibliche Avance betrachtet werden. Vor allem von Shawnawdithit wird während ihres Aufenthalts bei den Peytons berichtet, daß sie jede zweideutige Annäherung von seiten eines Mannes schroff und selbstbewußt zurückwies. Später, in St. John's, lebte sie ohnehin von allem Übel gut abgeschirmt.

Solche Verhaltensweisen sind zweifelsfrei aus einer entsprechenden Tradition geboren: Über Generationen hinweg unterjochte und benutzte Frauen hätten sich anders verhalten. In diesem Zusammenhang gewinnt auch das skandalöse Geschehen um die Gefangennahme von Demasduit beziehungsweise Mary March eine besondere Bedeutung. Shawnawdithit wußte davon und berichtete aus ihrer Sicht darüber. Obwohl sie sich in einer aussichtslosen Lage befanden, mit dem sicheren Tod vor Augen, hatten sowohl Demasduits Mann wie auch ihr Bruder erbittert um sie gekämpft. Beide waren furchtlos einem übermächtig bewaffneten Feind entgegengetreten. Der Vorgang würde als Stoff für eine klassische Tragödie auch in einer sogenannten höheren Zivilisation taugen und widerspricht der damals weitverbreiteten Ansicht, daß alle Rothäute ihre Frauen als Sklavinnen und minderwertige Menschen betrachteten.

Auch wenn man heute noch Wut und Empörung über die damalige Brutalität der Weißen aufkochen spürt, ist das Drama ein Beweis für die große Zuneigung und Liebe, die offenkundig zwischen diesen Indianern aus mehr als nur leeren Worten bestand.

In dieses Bild paßt ein anderes historisches Ereignis, das Shawnawdithit aus der Überlieferung ihres Volkes bestätigen konnte. Lange Jahre zuvor waren ihnen während einer der wenigen kriegerischen Aktionen der Beothuk, als sie mit Gewalt eine von den Weißen gefangengenommene Tochter eines ihrer Jäger befreiten, drei weiße Frauen aus der Siedlung Carbonear in die Hände gefallen und von ihnen verschleppt worden. Die drei Neufundländerinnen berichteten übereinstimmend nach ihrer Freilassung, daß sie nicht nur äußerst respektvoll behandelt worden waren, sondern auch, wie sehr die eingeborenen Frauen die Zuneigung und Achtung ihrer Männer genossen und erwidert hatten.

Ungewöhnlich für eine Frau ihres Alters: Shawnawdithit war nicht verheiratet. Man darf annehmen, daß während der Jahre des Zusammenlebens mit ihrem Volk die Männer bereits so sehr von den Weißen dezimiert worden waren, daß – bedingt durch ihre monogame Haltung – einfach kein passender Partner für sie übriggeblieben war.

Auch diese »zivilisierte« Haltung der Beothuk mag für ihren Untergang mitverantwortlich gewesen sein: In den meisten anderen sogenannten primitiven Kulturen hätte sich eine junge Frau wie Shawnawdithit einem anderen Mann angeschlossen und wäre dessen Zweit- oder Drittpartnerin geworden. Damit wäre ihr Gebärpotential ihrem Stamm zugute gekommen. – Ein weiteres Tabu, das neben dem Verzicht auf Feuerwaffen wahrscheinlich zum Untergang dieses bemerkenswerten Volkes beigetragen hat.

Die letzte Beothuk starb am 12. Juni 1829, nur neun Monate nach ihrer Ankunft, in St. John's. Die damals unheilbare Tuberkulose war die Todesursache auch bei ihr.

Sie und ihr Volk lebten nicht auf einem Eiland der Glückseligen. Sie mußten sich umtun und abrackern, clever und fleißig alle Ressourcen nutzen, um auf der wilden, rauhen, sturmumtosten Insel ihr Auskommen zu finden. Aber sie verstanden es, das Bestmögliche daraus zu machen. Sie schufen sich ihre Hilfsmittel selbst, bauten Kanus, Vorratshäuser, lebten in engem sozialen Kontakt. Im Winter hausten sie in »Mamateek« genannten Wigwams im Schutz der dichten Wälder und zogen im Frühjahr hinaus an die Küste, wo der Tisch mit den Früchten des Meeres reich gedeckt war. Die Insellage bedeutete Schutz vor Feinden, sorgte für Frieden. Die Beothuk führten ein hartes, gutes Dasein ohne Potentaten und ohne Sklaven, in rücksichtsvoller Harmonie mit der Natur und zwischen den Geschlechtern. Unter den gegebenen Umständen war es kein schlechtes Leben. Als die Weißen kamen, änderte sich alles.

Prinzessin Pocahontas: Die Realität hinter dem Walt-Disney-Mythos

Eine veritable indianische »Prinzessin« von zarter Jugend und exotischer Schönheit, an der Hand eines englischen Gentleman aus respektablem Hause, erregte zu Beginn des 17. Jahrhunderts am Hofe des englischen Königs James I. immenses Aufsehen.

Das war ein Stoff, aus dem damals wie heute Träume geschneidert wurden, und eigentlich ist verwunderlich, daß Hollywood beziehungsweise Walt Disney so lange brauchte, um sich der historischen Story für die Leinwand zu bemächtigen.

Über Pocahontas' wahre Persönlichkeit, über ihr wirkliches Denken und Fühlen ist leider allzuwenig - wie über andere Indianerinnen - bekannt. Es bleibt nicht weniger zu tun, als die historischen Ereignisse um sie herum zu durchforsten, sie zu analysieren, aufzuarbeiten und zu versuchen, aus dem Objekt Pocahontas ein Subjekt zu machen.

Ihr Name hat die Bedeutung von »Aufmüpfigkeit« oder »Rechthaberei«, vielleicht auch - positiver - »Selbstbewußtsein«. Die Begriffe deuten auf ihren Status hin, lassen aber auch Rückschlüsse auf ihren Charakter zu. Doch der Reihe nach:

Pocahontas wurde 1595 oder 1596 geboren. Zu diesem Zeitpunkt hatten die Küsten-Algonquin im heutigen US-Bundesstaat Virginia bereits mehrfach Kontakt mit den Weißen - vor allem mit Spaniern, die an diesen Gestaden an Land gegangen waren. Aber auch die Engländer hatten in den späteren Neunzigern jenes Jahrhunderts Versuche unternommen, sich in der Nähe der Indianersiedlungen zu etablieren.

Auf der nur eine Schiffs-Tagesreise in südlicher Richtung gelegenen Insel Roanoke hatten die Briten sogar eine Kolonie gegründet. Doch die Überlebenden der einst über 100 Kolonisten – Männer, Frauen und Kinder – waren nur wenige Jahre später spurlos verschwunden. Über ihr Schicksal ist viel spekuliert worden, doch ist die wissenschaftlich gesicherte Erkenntnis bruchstückhaft.

Womöglich erlitten diese Kolonisten dasselbe Schicksal wie jene neun unglücklichen spanischen Jesuiten, die 1570 in Pocahontas' Heimat, in der damals »Mutter-Gottes-Bucht« genannten Chesapeake Bay gelandet und von den Indianern massakriert worden waren. Vielleicht wurden die Briten nach ihrer Vertreibung oder ihrem Auszug aus Roanoke von den am Cape Henry ansässigen Chesapeake-Algonquin aufgenommen. Als sich dieser Stamm den Expansionsgelüsten von Pocahontas' Vater, »Kaiser« Powhatan, widersetzte, wurden sie vielleicht zusammen mit ihren Gastgebern ausgelöscht. Powhatan war inzwischen so mächtig geworden, daß er praktisch alle Gruppierungen der rund 15 000 im Einzugsbereich der Chesapeake Bay lebenden Menschen beherrschte; sein Name wurde zum Synonym für diesen beachtlichen, politisch-militärischen Verband. Im Osten Amerikas waren lediglich die Five beziehungsweise späteren Six Nations des Irokesen-Bundes zahlreicher und mächtiger.

Um es sich in der unübersichtlichen Zahl kaum auszusprechender Namen von Stämmen und Clans algonquinischer Zunge einfacher zu machen, nannten die Weißen alle »Untertanen« des »Kaisers« nach ihm »Powhatans«. Was zur Vermeidung von Konfusionen in der Folge zu beachten ist!

Im flachen, gut bewässerten und fruchtbaren Umland der Chesapeake Bay waren im Gegensatz zum übrigen Amerika die natürlichen Voraussetzungen wie geschaffen für eine größere Bevölkerungsdichte und dementsprechend auch eine engere politische Einheit der Eingeborenen. Die sich 200 Kilometer weit in das Land hinein erstreckende Bucht selbst, die einmündenden Bäche, Flüsse und Ströme, die weitverzweigten Fließe waren Kommunikations- und Verbindungswege und zugleich wichtige Nahrungsquelle für alle möglichen »fruits de mer«. An ihnen entlang lagen die Siedlungen.

Feldfrüchte wie Mais, Bohnen und Kürbis garantierten die Grundversorgung der Menschen und machten sie von den Zufälligkeiten von Jagd und Fischfang weitgehend unabhängig. Trotzdem besaß der Segen des Meeres und der Flüsse eine besondere Bedeutung für ihr Auskommen: Alsen, Aale, Austern, Flundern, Muscheln, Krebse, bis 50 Pfund schwere Streifenbarsche - mehr als 200 verschiedene eßbare Fisch- und Muschelarten lebten in dem brackigen Wasser. Daneben tummelte sich Flugwild, bauten Biber und Bisame ihre Burgen und Grashäuser. In den Wäldern strichen Bären, Weißwedelhirsche, Opossums, Skunks, Waschbären und wilde Truthähne umher. Hickory-, Pekan- und Haselnüsse, Wildpflaumen und andere Früchte, eine Fülle von Beerensträuchern ergänzten das Angebot von Mutter Natur.

An der Chesapeake Bay lag nicht das Schlaraffenland, wo den Leuten die gebratenen Tauben in den Mund flogen, doch die Vorratshäuser der Powhatan waren meist wohlgefüllt.

Diese Indianer waren trotz der vorherigen Kontakte mit den Weißen zu Beginn des 17. Jahrhunderts noch echte Steinzeitmenschen. Es wird zwar von aus Sumpferz geschmiedeten Schwertern gemunkelt, eingetauscht oder erbeutet von den weiter südlich, im heutigen Carolina lebenden Stämmen, aber Beweise dafür fehlen. Diese Waffen scheinen schon aufgrund ihres zerbrechlichen, porösen Materials allenfalls dekorative oder rituelle Zwecke erfüllt zu haben. Das seltene, kalt gehämmerte Kupfer fand als Hals- und Brustschmuck Verwendung. Selbst das für die Herstellung von Werkzeugen und Waffen notwendige Gestein war in dieser Schwemmland-Küstenregion rar und entsprechend kostbar: Es mußte von den in den felsigen Appalachen lebenden Stämmen eingetauscht werden.

Man behalf sich mit scharfkantigen Muscheln. Einen einzigen Baum zu fällen, war eine langwierige Aufgabe, und aus seinem Stamm ein Kanu auszuhöhlen, fast ein Lebenswerk.

Die Schöpfungsgeschichte der Küsten-Algonquin zentrierte sich um den Mythos, sie seien von einem Hasen gigantischen Ausmaßes erschaffen worden. Der Hase hatte die Ur-Menschen in einem weiten Sack gefangen gehalten, doch wurde er seinerseits trotz seiner Größe von einer Reihe böser, alter Hexen gequält.

Der Hase wußte sich nicht anders zu helfen, als die Menschen aus dem Sack herauszulassen und so die Hexen abzulenken. Darauf versteckten sich die verängstigten Ur-Algonquin unter der Erde, aus der sie sich nach und nach ans Tageslicht heraufbuddelten und über die Oberfläche der Welt ausbreiteten.

Sie glaubten, nur die Privilegierten, die Priester und die Häuptlinge, würden nach dem Tod wiedergeboren: Deren Geister würden einen alle anderen überragenden Baum erklimmen, und der wäre gewissermaßen die Rampe, die zu einer Brücke und dem Zugang zum »Himmel« führte. Der wiederum war mitnichten die »Ewigen Jagdgründe«, die eine eher vereinfachte Darstellung der Weißen waren. Im Glauben der Küsten-Algonquin war das Jenseits vielmehr ein angenehmer Ort, wo der Mensch zum zweiten Mal stirbt, um darauf als Geist in die Gebärmutter von Erdfrauen zurückzukehren und von diesen wiedergeboren zu werden.

Der Hauptgott dieses Volkes hieß Okeus, wurde auch Keriokos genannt. Er war ein übler Bursche, der in einer grobgefertigten, symbolischen Statue dargestellt und in einem Wigwam mit Tempelstatus untergebracht war. Okeus war für alles Böse auf der Welt verantwortlich. Hauptberufliche Priester hatten die Aufgabe, ihn mittels eines permanent brennenden Feuers bei Laune zu halten. Größerem Übel versuchte man durch sowohl symbolische wie auch reale Menschenopfer vorzubeugen, wobei gelegentlich ausgewählte Kinder rituell getötet wurden.

Ahone, die gute, wohlmeinende, strahlende Gottheit der Küstenbewohner, hatte leider nicht das Gewicht und die Allmacht von Okeus. Er war in seinem innersten Wesen gnädig-geneigt und den Menschen positiv gesonnen. Deshalb schien es nicht erforderlich, ihm zu opfern oder ihn weiter positiv zu beeinflussen. Es genügte, sich morgens zu baden, die Arme zum Himmel zu heben und sein Gesicht kurz der Sonne zuzuwenden. Als weitere Referenz spuckte man bei den Mahlzeiten hin und wieder den ersten Bissen der Speise ins Feuer oder bot Ahone ein paar Tabakkrümel dar.

Wie andere Naturvölker feierten die Powhatan ihre Feste am liebsten mit Tänzen, zum Beispiel mit der Taquitok-Zeremonie vor der Ernte. Weitere Anlässe waren die Ankunft des Frühlings, eine Heirat oder die siegreiche Rückkehr von einem Kriegszug. Dabei wurden die nicht von einer beliebigen Familie adoptierten Gefangenen unnachsichtig gemartert: Man band die Unglücklichen an einen Pfahl und schnitt ihnen bei lebendigem Leib nach und nach die Gliedmaßen ab, die man dann in die lodernden Flammen warf. Glück im Unglück hatten diejenigen, die »normal« hingerichtet wurden: An Händen und Füßen gefesselt, wurden sie mit dem Kopf auf die Sockel eines »Altars« gelegt, worauf ein kräftiger Krieger ihnen mit einem schweren Stein den Schädel zerschmetterte.

Zu diesen »festlichen« Gelegenheiten bemalten sich Männer und Frauen, schmückten sich mit Federmänteln und Muschelbehängen. Daneben nutzten sie das Ereignis zu einem gewaltigen Schmaus, bei dem Unmengen von Maiskuchen, Hirschfleisch, Geflügel, gekochtem Fisch und gebackenen Austern verzehrt wurden.

Wie bei den Völkern dieser Kulturstufe üblich, kümmerten sich die Frauen um die Feldarbeit, das Sammeln von Beeren und Früchten, um das Heranschaffen, die Lagerung, die Zubereitung der Nahrung, um die Erziehung der Kinder, sogar um den Hausbau. Die Männer gingen auf die Jagd, sie fischten, rodeten die Wildnis zur Anlage neuer Felder, wenn ihnen der alte Boden ausgelaugt erschien. Darüber hinaus – versteht sich – zogen sie in den Krieg. Manchmal nur aus Lust und Laune, manchmal, weil der Powhatan sie dazu aufforderte oder um sich gegen die im Hinterland lebenden »wilden« Stämme zu verteidigen oder widerspenstige Gruppierungen zur Raison zu zwingen.

In der Geschichte der Powhatan scheint vor, während und nach Pocahontas' Lebzeiten ein von den Spaniern »Don Luis« genannter Häuptlingssohn eine wichtige

Rolle erst hinter, dann vor den Kulissen gespielt zu haben. Der Knabe war 1561 von einem spanischen Kapitän gekidnappt und nach Mexiko verschleppt worden. Er war schließlich in Spanien gelandet, wo ihn die Jesuiten unter ihre Fittiche genommen hatten, um ihn später bei der Bekehrung der »Heiden« zur Hand zu haben. Don Luis lernte die Gedanken und Handlungsmotive der Weißen kennen, als habe er sie mit der Muttermilch eingesogen.

Doch als seine Nase wieder den Geruch der heimischen Herdfeuer schnupperte, legte er Hemd, Kniehosen, Seidenstrümpfe und Schnallenschuhe der Spanier zur Seite, schlüpfte in die aus Hirschfell gefertigten Mokassins, gürtete sich mit dem fransenbesetzten Lendenschurz und warf seinen Mantel aus Rehleder darüber. Er nahm mit »Opechanconough« einen indianischen Namen an, verließ endgültig den dornigen Pfad der christlichen Moralvorstellungen und schlüpfte zurück in die Rolle eines ungebärdigen, wilden Heiden.

Ernstzunehmende Wissenschaftler wie der Historiker Carl Bridenbaugh behaupten beharrlich, der Indianerfürst Opechanconough, einst Don Luis, sei kein anderer als Powhatans jüngerer Bruder und damit Pocahontas' Onkel gewesen. Dieser Renegat sollte erst den Spaniern, dann den Engländern arg zu schaffen machen.

Damit steht fest: Pocahontas war nicht jene frische, unbedarfte, großäugig-staunende Urwaldblume, die mit einem Donnerschlag in die fremde Welt der Weißen versetzt wurde. Schon während ihrer Kindheit hatte sie viel gehört, vielleicht sogar gesehen von den bleichhäutigen, bärtigen Wesen, die sporadisch in riesigen, von weißen Wolken gekrönten Kanus vor der Küste auftauchten. Nachdem die merkwürdigen Fremden wieder einmal ihren Fuß auf den Boden von Tsenacomacoh gesetzt hatten, wie die Powhatan die Küsten des späteren Virgina nannten, hatte Pocahontas mit der typischen Neugierde der Jugend versucht, die gewonnenen Eindrücke zu erweitern, zu vertiefen.

*

Pocahontas war in einen stattlichen Haushalt hineingeboren worden: Ihr Vater Powhatan »besaß« mitunter gleichzeitig zweieinhalb Dutzend Frauen. Insgesamt sollten es in seinem langen Leben weit über hundert werden... Merkwürdigerweise zeugte er mit keiner Partnerin mehr als ein einziges Kind. Das bedeutete, daß Pocahontas mit einer Hundertschaft Halbschwestern beziehungsweise -brüdern gesegnet war, aber nicht mit echten Geschwistern.

Vater Powhatan schuf sich durch seine pointierte, geschickte Familienplanung ein beachtliches Potential an Macht und Einfluß. Die Frauen seines »Harems« waren indessen alles andere als willenlose Wesen. Sie fühlten sich keineswegs als Mauerblümchen, die bangend und passiv warteten, bis ihr Herr ein Auge auf sie warf. Ganz im Gegenteil: Sie betrachteten es als Ehre, zeitweilig das Lager des Powhatan teilen zu dürfen. Nach dieser Auszeichnung und dem Austragen der gemeinsamen Leibesfrucht waren sie nicht nur wohlhabender geworden, sondern auch angesehener als je zuvor. Nach ihrer Rückkehr an den heimischen Herd, nach dieser »Bewährung« konnten sie unter den heiratswilligen und -fähigen Männern ihrer näheren und weiteren Umgebung nach Gusto wählen.

Auch sonst erfreuten sich die Frauen dieser Küsten-Indianer eines vergleichsweise hohen Status: Bevor sie sich dazu herabließen, den elterlichen Wigwam zu verlassen und einen eigenen zu bauen, um ihn gemeinsam mit einem Ehekandidaten zu beziehen, mußte der hoffnungsvolle junge Mann sich einen guten Ruf als Versorger erworben und/oder aus dem Krieg eine entsprechende Menge Skalps mit nach Hause gebracht haben. Er mußte in Aussicht stellen, daß er als Jäger und Fischer einen entsprechenden Anteil zur Ernährung der Familie beitragen konnte, während die Frau selbst für die Basis der Existenzpyramide sorgte. Sie würde mit ihrem Grabstock Löcher in die Erde stoßen, darin die Mais- und Kürbiskerne und die Bohnen auslegen. Sie würde das Unkraut jäten, die Ernte einbringen, darüber hinaus Wildfrüchte, Beeren und Wurzeln sammeln. Ganz zu schweigen vom Flechten der Schlafmatten, dem Bau des neuen luftigen Wigwams, wenn der alte »verwohnt« war. Sie würde die Felle gerben, Kleider und Schmuck fertigen, die Nahrung bereiten, den Überfluß als Vorrat horten und nicht nur die Kinder gebären, sondern auch aufziehen.

Den wenigen Aufgaben des Mannes stand eine scheinbare Überfülle von weiblichen Pflichten gegenüber. Doch die Fruchtbarkeit des Landes, das dem Wachstum zuträgliche Klima machten die Bürde der Frauen erträglich, und schließlich bedeutete ein gutes Auskommen ihr gesichertes Prestige innerhalb der Gemeinschaft, selbst auf die Gefahr hin, daß der Gatte dieses auf ihn abfärbende Prestige nutzte, sich im Laufe der Zeit eine oder gar zwei, drei weitere Frauen zuzulegen. Aber diese Art von Familienzuwachs würde die Hauptfrau entlasten, weitere verwandtschaftliche Bande knüpfen und Ansehen und Einfluß noch weiter erhöhen.

Auch die Erbfolge hinsichtlich der Häuptlingswürde unterstreicht die besondere Stellung der Frau unter diesen Küsten-Algonquin: Nach dem Tod des »Kaisers« sollte ihm sein nächstjüngerer Bruder als Powhatan folgen, dem wiederum dessen nachgeborener Bruder und so weiter - bis die Reihe der männlichen Erbfolger erschöpft wäre. Dann sollte sie auf seine Schwestern und Halbschwestern umspringen, ihrem Alter korrespondierend. Theoretisch hätte also durchaus eine Frau zur Herrscherin der Powhatan aufrücken können. Leider sollte es soweit nicht kommen; die Umstände waren dagegen.

Dagegen ist häufig die Rede von Opossunoquonuske, von der »Weroansqua« oder Häuptlingsfrau der zum Verband der Powhatan gehörenden Appamattuk. In den Berichten der Engländer war sie ein »fettes, wollüstiges Mannsweib«. Die Appamattuk verhielten sich besonders abweisend, wenn nicht feindselig den Weißen gegenüber - worin der Grund für die bösfressige Charakterisierung dieser Frau liegen mag.

Im Gegensatz zu den uns vertrauten Kulturkreisen schien es die meisten Indianerinnen nicht zu stören, die Gunst eines Mannes mit anderen Frauen teilen zu müssen. Als Kompensation durfte sich eine Frau durchaus einen oder mehrere Liebhaber halten, damit die romantische oder auch erotische Seite der Angelegenheit nicht zu kurz kam. Es wurde jedoch erwartet, daß diese »Arrangements« mit dem Einverständnis des Gatten getroffen wurden. Wenn die Beziehung mit diesem sich trotz allem als auf Dauer ungedeihlich erweisen sollte, blieben »ihr« immer noch zwei Möglichkeiten: Entweder »sie« setzte »ihn« vor die Tür, denn der Wigwam war ihr Besitz. Oder sie dachte, »weg mit Schaden«, und sammelte ihre Kinder, ihre Besitztümer, zog aus und baute eine neue Behausung.

Der Hausbau war keine weltbewegende Aufgabe: Die halbrunden Hütten bestanden aus zwei Reihen von parallel in die Erde gerammten Stämmchen, die im Halbrund zueinander gebogen und dann miteinander verflochten wurden. Diese Struktur wurde mit Schilfmatten abgedeckt, die an den Seiten während der Sommerhitze hochgeklappt wurden, um für Kühle und gute Durchlüftung zu sorgen. Im Frühling und Herbst blieben die »Hauswände« zum Schutz gegen die Wechselfälle der Witterung unten. Im meist milden Winter im Süden der sonst so kalten amerikanischen Ostküste verscheuchten verdoppelte Matten Kälte und Feuchtigkeit.

Nicht nur der schiere Opportunismus führte Mann und Frau bei den Powhatan erst zusammen, später wieder auseinander. Das ganze Spektrum der entsprechenden Gefühle war ihnen durchaus vertraut, und nichts Menschliches war ihnen fremd. Selbstverständlich knisterte und krachte es in der Beziehung zwischen den Geschlechtern ebenso wie in unserem Kulturkreis: Rasende Liebe ohne Rücksicht auf Stand und Ansehen; wilde, ungezügelte Leidenschaft; tödliche Eifersucht; hoffnungsloses wie -volles Verzehren nach der oder dem Unerreichbaren - alle Sentiments der Skala ereilten auch diese Menschen. Doch standen Pragmatismus und traditionell-realistisches Denken eher im Vordergrund als die wildlodernden Flammen der Liebe, die sich nur allzuoft als rasch zusammenfallendes Strohfeuer erweisen.

Knaben und Mädchen - auch »Prinzessinnen« wie Pocahontas und ihre Halbgeschwister - wurden von frühester Jugend an zur Abhärtung täglich kalt gewaschen. Von dieser »Tortur« abgesehen, wurden die Kinder, wie bei den Indianern allgemein üblich, mit Güte und Nachsicht - nach unseren Begriffen »repressionsfrei« - aufgezogen.

Für die heranwachsenden Mädchen gab es - im Gegensatz zu anderen Völkern - keine Initiationsriten. Um so härter traf es die Knaben, nachdem sie die Pubertät erreicht hatten: Sie mußten eine langwierige, »huskanaw« genannte Prozedur durchleiden, während der das Kind zeremoniell getötet und der Mann neu geboren wurde. Die Kandidaten wurden erst von der Familie isoliert, dann einer längeren Fastenkur unterworfen. Endlich wurde ihnen ein geheimnisvoller Sud verabreicht, der sowohl Halluzinationen wie einen partiellen Gedächtnisschwund auslöste, mitunter sogar zum Tode führte. Erst nachdem die Knaben diese vorzugsweise auf die Psyche gerichtete Prozedur überlebt hatten, nahmen erfahrene Männer sie in ihre Obhut und bildeten sie ernsthaft in den Künsten der Jagd und des Krieges aus.

*

In diesem Umfeld verbrachte Pocahontas sicherlich eine unbeschwerte Kindheit. Der Name ihrer leiblichen Mutter ist nicht überliefert, ein Umstand, dem keine negative Bedeutung beizumessen ist: Das Mädchen hatte viele »soziale« Mütter, sowohl die anderen Frauen ihres Vaters wie die Tanten, Großmütter, die älteren Halbschwestern und all die weiteren Mitglieder dieses weitgefächerten, unter einem einzigen Dach hausenden Clans. Der Wigwam war entsprechend riesig; er war ein gewaltiges, sich über rund 50 Meter hinziehendes Langhaus.

Eins ist sicher: Das Mädchen Pocahontas – die »Aufmüpfige«, »Rechthaberische«, »Selbstbewußte« – entwickelte sich schon früh zu einer Persönlichkeit, die »Kaiser« Powhatan bald in sein Herz schloß. Sie wurde zu seinem ausgesprochenen Liebling, was bei seiner stattlichen Nachkommenschaft von rund 100 Kindern nicht unbedingt eine Selbstverständlichkeit ist.

Auch wenn Pocahontas' Status nicht mit dem einer zeitgenössischen europäischen Prinzessin vergleichbar war, sorgte er zumindest dafür, daß sie nicht schon früh ihren Rücken bei mühseliger Feldarbeit krümmen mußte. Sie durfte sich mehr Freiheiten herausnehmen als ihre gleichaltrigen Freundinnen; sie besaß wertvolleren Muschelschmuck; man gab ihr auf Ausflügen eine ihren Rang betonende, beschützende Begleitung mit. Ihr Status garantierte vor allem, daß sie als Heranwachsende ihre Entschlüsse und Entscheidungen frei von dem Wunschdenken treffen konnte, auf der Stufenleiter von Prestige und Ansehen noch höher steigen zu können. Sie stand bereits oben, ganz oben.

*

Der Schicksalstag für »Kaiser« Powhatan, für seine Tochter Pocahontas, für die an der Chesapeake Bay lebenden Küsten-Algonquin und für viele der englischen Kolonisten war der 16. April 1607. An diesem Tag passierten die Segler »Susan Constant«, »Godspeed« und »Discovery« die Landmarke des Cape Henry. Danach wurden die Segel gerefft, und die Schiffe gingen in der Bay vor Anker. Die rund 100 künftigen Kolonisten blieben vorläufig an Bord, während die Matrosen in ihren Beibooten die Küstenlinie explorierten. Endlich glaubten sie, einen geeigneten Ort für die Landung gefunden zu haben – das heutige Jamestown Island. Die Insellage bedeutete Vorteile bei der Verteidigung gegen überraschende Angriffe; dort lagen keine indianischen Siedlungen, und der Landeplatz verfügte auch bei tiefster Ebbe über ausreichend Wasser unterm Kiel. Die Nachteile schienen vorläufig unbedeutend: Es fehlte gutes, frisches Trinkwasser, und

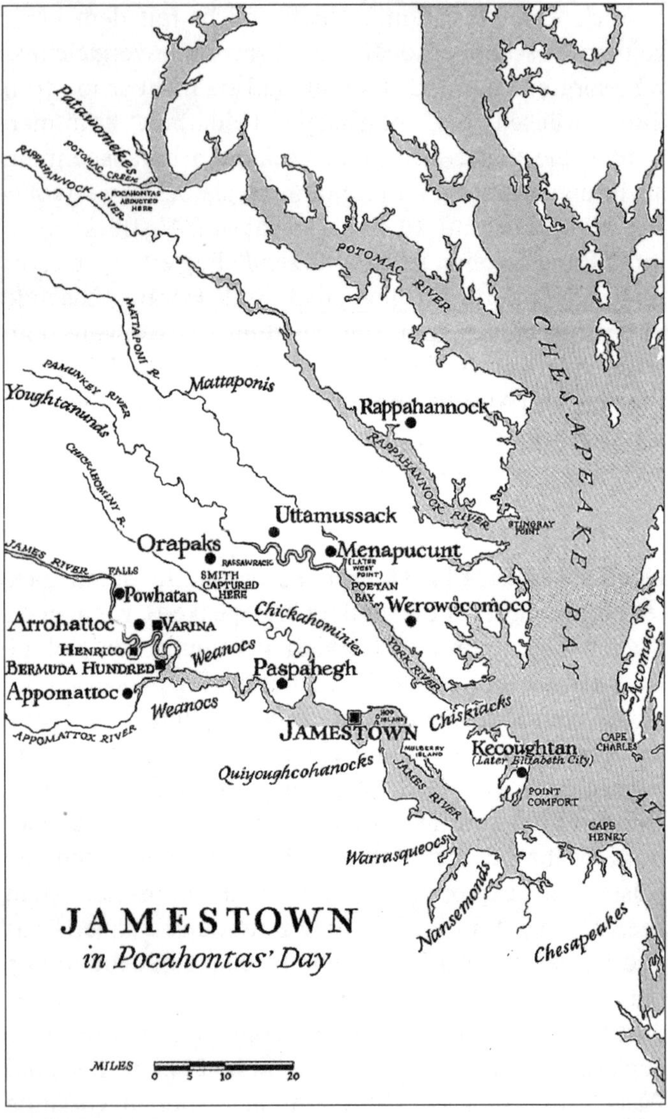

Jamestown zu Pocahontas' Zeit

ein Teil der Insel bestand aus einem insektensummenden Sumpf.

»Kaiser« Powhatan, dem die Ankunft der Fremden zweifellos sofort gemeldet wurde, mag darauf gehofft haben, daß die ungebetenen Besucher - so wie alle anderen zuvor - alsbald wieder Segel setzen und übers weite Meer in Richtung der aufgehenden Sonne entschwinden würden. Doch alle von den indianischen Spähern registrierten Anzeichen deuteten darauf hin, daß sie diesmal zu bleiben gedachten: Sie errichteten nicht nur ein großes Holzkreuz als Symbol, daß sie alles umliegende Land für König James I. in Besitz nahmen; sie begannen - was vergleichsweise wichtiger war - unverzüglich mit den Arbeiten an einer schützenden Palisade.

Es hätte dem Verständnis von Würde eines Powhatan nicht entsprochen, sich selbst zu den Eindringlingen zu begeben. Doch auch ohne sein Erscheinen waren die ersten direkten Kontakte zwischen Weiß und Rot durchaus freundlich. Die Abgesandten der Indianer hielten den Engländern in der rechten Hand einen Bogen und in der linken eine Pfeife entgegen. Die Weißen verstanden die symbolische Bedeutung der Geste, sie deuteten auf die Pfeife: Damit bekräftigten sie, daß sie in friedlicher Absicht gekommen waren.

Die Pfeife wurde entzündet und wanderte von Mund zu Mund; Rote und Weiße rauchten gemeinsam. Die Engländer hatten bereits rudimentäre Kenntnisse in dem Idiom der Algonquin, den Rest schafften sie mit der Zeichensprache. Nach dem Rauchritual verteilten sie Geschenke: Tabak, Glasperlen, kleine Spiegel. Unter den Gaben befanden sich keine Werkzeuge, die als Handwaffen hätten dienen können.

Die Indianer halfen sich selbst, und einer von ihnen ließ ein Beil mitgehen. Streit flackerte auf, die Rothäute zogen sich zurück. Die Invasoren zögerten nicht, von ihren Musketen und Pistolen Gebrauch zu machen und sogar ihre Schiffsgeschütze donnern zu lassen. Die Indianer ließen sich keinesfalls beeindrucken: Sie blieben außer Schußweite. Ein sicheres Indiz dafür, daß die Rothäute über den echten Wirkungsgrad der »weißen« Waffen recht gut Bescheid wußten, daß der Schrecken der Blitz, Donner und Qualm speienden Rohre sich in Grenzen hielt.

Nun war der Zeitpunkt gekommen, da die Medizinmänner die Trommel schlugen, ihre Riten zelebrierten und dem »Kaiser« Powhatan verkündeten, die bärtigen Männer würden ihn und sein Reich vernichten.

Vorerst deutete trotz der Hartnäckigkeit, mit der sich die Weißen an diesen Brückenkopf in der Wildnis Amerikas krallten, nichts auf eine solche Katastrophe für die Indianer hin: Eine beträchtliche Zahl der Neuankömmlinge wurde durch Krankheiten dahingerafft. Außerdem hatte der »Kaiser« Anweisung gegeben, hin und wieder einige von ihnen zu überfallen und zu töten, um den übrigen ihren Aufenthalt zu verleiden.

Powhatans militärische Macht hätte mehr als nur ausgereicht, die Eindringlinge von seinen Kriegern zurück ins Meer treiben zu lassen und dem weißen Spuk ein frühzeitiges Ende zu bereiten. Andererseits lockte ihn die Aussicht, die Kolonisten für seine Zwecke einzuspannen: als Lieferanten von Donnerrohren, die seine Krieger im Kampf gegen die Völker des Hinterlandes oder auch gegen die sporadischen Übergriffe der Irokesen unbesiegbar machen würden. Weiter plante er, die Kolonisten als Handelspartner zu nutzen. Gegen die Lieferung von Mais, den seine Leute im Überfluß anbauten, wollte er eiserne Werkzeuge, Waffen und Gebrauchsgüter eintauschen.

Powhatans Späher beobachteten weiter die bärtigen Fremden bei ihrem Tun und Lassen und erstatteten ihm Bericht. Wenn es überhaupt Zweifel gegeben hatte, waren sie jetzt endgültig verflogen: Die bärtigen Fremden waren zum Bleiben entschlossen.

Der »Kaiser« betrieb das, was man eine »Politik der Nadelstiche« nennt. Er ließ die Kolonisten immer wieder seine militärische Macht spüren, hielt es jedoch für unklug, es sich ganz mit ihnen zu verderben.

*

Pocahontas mag zu diesem Zeitpunkt zwischen elf und zwölf Jahre alt gewesen sein. Überliefert ist, daß sie sich gerne in der entstehenden Siedlung der Kolonisten und deren Umgebung aufhielt. Sicher war sie, wie alle Kinder, fasziniert von der äußeren Erscheinung der Neuankömmlinge und betrachtete großäugig die Handwerker und Arbeiter in ihren Leinenwämsen, den Beinkleidern aus grobem Canvastuch, den kleidsamen Schaftstiefeln und den schmucken Baretten. Sie blickte in graue, blaue oder braune - auf jeden Fall in hellere Augen als die eigenen. Sie sah Schnurr- und Vollbärte in hellhäutigen Gesichtern. Sie staunte über die bei den Rothäuten unbekannten Gesichtshaare.

Sie registrierte die Unterschiede zwischen der Kleidung der Arbeiter und der sogenannten Gentlemen mit ihren prächtigen Federhüten, den bunten, bestickten Röcken, den Kniehosen, seidenen Strümpfen und Schnallenschuhen aus weichem, spanischem Leder.

Sie sah Männer, Männer, Männer und keine einzige Frau! Das konnte nur bedeuten, daß die Fremdlinge Böses im Schilde führten. Nur auf ihren Kriegszügen trennten sich die Powhatan von ihren Frauen... Das mochte aber auch bedeuten, daß die Bleichhäutigen bald wieder abziehen würden. Kein Mann vermochte in indianischer Vorstellung ohne die Unterstützung seiner Frau oder anderer Frauen längere Zeit zu überleben.

Eigenartigerweise waren es auch die Männer, die die Häuser bauten. Wie anders, wieviel massiver waren diese im Vergleich zu den luftigen Gebilden, die die Powhatan-Frauen errichteten. Merkwürdiges über Merkwürdiges …

Ohne Zweifel hat Pocahontas ihre Eindrücke an ihren Vater weitergegeben, und der hat mit weit geöffneten Ohren zugehört.

Sehr seltsam, mag der »Kaiser« gedacht, den Kopf geschüttelt und sich in seinem Entschluß bestätigt gefunden haben, weiter auf der Hut zu sein. Er schickte Pocahontas wieder zurück in die wachsende Siedlung und trug ihr auf, weiterhin Augen und Ohren aufzusperren und ihm alles Bemerkenswerte zuzutragen.

*

Einer der Engländer hatte es Pocahontas besonders angetan: Er war im Vergleich zu den großgewachsenen Algonquin eher klein, aber seine Augen funkelten über einem sorgsam gestutzten Schnurr- und Spitzbart. Er gehörte noch nicht der Klasse der Rock-, Hut- und Schnallenschuhträger an, aber gebärdete sich so und kleidete sich bereits entsprechend. Er war noch jung, eben 26 geworden, erwies sich als überaus zugänglich, sprach ein paar Worte Algonquin und bemühte sich, mit Pocahontas in der Zeichensprache einen Austausch herbeizuführen. Was ihr vor allem schmeichelte: Er schien das Mädchen ernstzunehmen.

Der junge, welterfahrene Engländer, über den Pocahontas ins Schwärmen geriet, war John Smith und schon ein Veteran mancher Feldzüge im Nahen Osten, in Asien und Afrika. Er verfügte über ein gerüttelt Maß an Erfahrung und riß mehr und mehr die Führung der Kolonie an sich. Sicher hat es dem John Smith viel Spaß bereitet, mit seiner kleinen, kupferhäutigen Freundin herumzualbern, ein bißchen zu schäkern und ihr hin und wieder ein kleines Geschenk zu überreichen - und sie bei alledem auszufragen.

Dem Engländer war klar, daß die Kolonisten sich mit den Eingeborenen verständigen mußten. Der Umgang mit einer fremden, harschen, ungezähmten Natur, das Roden, das Umbrechen des noch jungfräulichen Bodens würde alle Kräfte in Anspruch nehmen. Käme so weit entfernt von jeglicher Unterstützung des Mutterlandes die Feindseligkeit der Eingeborenenstämme hinzu, könnte das gerüttelt Maß der Widrigkeiten zu einem Abenteuer mit fatalem Ausgang geraten.

John Smith kannte Pocahontas' Herkunft und behandelte sie auch deshalb mit entsprechendem Respekt. Inwieweit er das Mädchen als Überbringerin gezielter, vielleicht sogar getürkter Informationen an den Powhatan benutzte - darüber läßt sich nur spekulieren. Jedenfalls ließ er sich von der jungen Indianerin weiter in den Grundbegriffen der algonquinischen Sprache unterweisen und versuchte seinerseits, ihr ein rudimentäres Englisch beizubringen.

Auch wenn die Weißen über erstaunliche und begehrenswerte Dinge sowie gewisse, den Indianern unbekannte Fertigkeiten verfügten: Supermänner waren sie in Pocahontas' Augen nicht, vielleicht mit der Ausnahme von John Smith. Doch das hatte andere Gründe: In ihrer

Jungmädchen-Schwärmerei hatte sich die »Prinzessin« ganz gewaltig in diesen jungen Weißen verguckt.

Pocahontas schwankte zwischen Erstaunen und Bestürzung, als sie mitansehen mußte, wie John Smiths Gefährten zusehends matter wurden, wie sie hinfällig, schwach und krank dahinsiechten, bis sie starben wie die Fliegen im ersten Frost. Schon gegen Ende des Sommers 1607 bedeckte der kühle Rasen über die Hälfte der Neuankömmlinge. Neben dem Fieber drohte der Hunger, denn die mitgebrachten Lebensmittel gingen zur Neige. Die Kolonisten hatten keine Saaten ausgebracht, weil der Bau von Befestigungen und Unterkünften alle Zeit und Arbeitskraft beanspruchte.

Es ist denkbar, daß Pocahontas dem von ihr vergötterten John Smith gewollt oder ungewollt wichtige Hinweise gab, wie er an den von den Indianern gehorteten Mais herankommen konnte. Es ist sicher, daß sie ihrem Vater über die mißliche Lage der Weißen berichtete; und es ist ebenso sicher, daß der Powhatan glaubte, sich in aller Ruhe zurücklehnen zu können, bis die Natur das Problem der weißen Invasion in seinem Sinne gelöst, bis Fieber und Auszehrung den letzten der Eindringlinge dahingerafft haben und ihm all deren mitgeführte, nützliche und kostbare Dinge in die Hand fallen würden, ohne einen einzigen Tropfen des Blutes seiner Krieger vergießen zu müssen.

John Smiths Gedanken kreisten indessen um die Lösung des überlebenswichtigen Problems, die Indianer ohne Gewaltanwendung zur Öffnung ihrer Vorratsspeicher zu bewegen, um die verbliebenen, halb verhungerten Kolonisten am Leben zu erhalten. Da aber die Rothäute sich weiter abwartend verhielten, sah John Smith keine andere Wahl, als selbst auf Furage-Tour zu gehen.

Ende Dezember 1607 ruderte er mit einer Bedeckung von sechs bewaffneten Männern den heutigen James River hinauf. Als der Fluß zu eng und auch für die Schaluppe zu flach wurde, »organisierte« Smith einen Einbaum. Vier seiner Leute ließ er als Bewachung beim eigenen Boot zurück.

Zu dritt paddelten sie weiter, legten endlich an und trennten sich nochmals: Smith ließ seine beiden letzten Begleiter zurück und machte sich allein auf, um eine Überland-Route nach Werowocomoco, dem Sitz des Powhatan, zu erkunden.

Das Furage-Unternehmen war natürlich von den Spähern des »Kaisers« beobachtet und verfolgt worden. Der bereits erwähnte Opechancanough, Powhatans Bruder und Pocahontas' Onkel, ließ seine Muskeln spielen und drei der Briten töten, nahm darauf John Smith gefangen und brachte ihn vor den Algonquin-Potentaten.

Der Powhatan schlug John Smith einen schlauen Deal vor: Er werde sein Leben schonen, wenn er ihm bei dem geplanten Überfall auf das Fort der Engländer beratend zur Seite stünde. Der Powhatan wußte, wie erbärmlich es um die Eindringlinge stand und sah die Gelegenheit gekommen, den Zug der Zeit abzukürzen und sich jetzt schon in den Besitz der Handelsgüter, der Waffen und des übrigen Eigentums der Weißen zu setzen. Er wußte aber auch, daß selbst ein geschwächter Gegner seinen Kriegern noch empfindliche Verluste beibringen konnte.

Ganz im Gegensatz zu dem, was Hollywood den Kinobesuchern in aller Welt jahrzehntelang weismachen wollte, indem es die angreifenden Komparsen-Indianer massenhaft im Feuer der Weißen sterben ließ: Der Ruf, das Ansehen und die Macht eines Häuptlings stand und fiel mit der Zahl der Krieger, die zusammen mit ihm

James Smith bedroht Opechancanough

unversehrt aus einer Auseinandersetzung zurückkehrten. War mit mehr als marginalen Verlusten zu rechnen, brachen die Indianer den Kampf rigoros ab oder stellten sich erst gar nicht dem Feind. Dieses Verhalten galt bei vielen Weißen als Feigheit, doch entspricht es viel eher der vernünftigen Überlebensstrategie als das dumme Geschrei von Ruhm, Ehre, Vaterland, Tapferkeit, Treue und und und ...

Der Powhatan war in dieser Hinsicht keine Ausnahme. Er ließ John Smith auch noch nach dessen Weigerung, die eigenen Leute zu verraten, am Leben. In der ihm angeborenen Vorsicht beauftragte der »Kaiser« seine Priester, den Gefangenen intensiven rituellen Prüfungen zu unterziehen. Die Medizinmänner kamen zum Ergebnis, daß der bleichgesichtige Häuptling zwar über eine gewisse Zaubermacht verfügte, daß es aber trotzdem angeraten war, seinen Kopf auf den Altarstein zu legen und einen kräftigen Krieger anzuweisen, ihm den Schädel zu zerschmettern. Vielleicht waren die Schamanen den Einflüsterungen des rücksichtsloseren Opechancanoughs erlegen, der in John Smith einen fähigen Anführer der Kolonisten und damit die größte Gefahr für die Powhatan sah.

Die Legende berichtet zwar, daß Pocahontas sich im letzten Augenblick zwischen den Henker und sein Opfer warf, um den von ihr verehrten Weißen zu retten. Sie mag Zeter und Mordio geschrien haben, doch ihr Einfluß dürfte nicht soweit gereicht haben, ihren Vater zur Schonung von John Smith zu bewegen.

Der schlaue Powhatan verfiel auf einen weiteren, eines Pilatus würdigen Ausweg. Vor Jahren war ein britischer Privateer in der Chesapeake Bay erschienen. Er hatte einige Rothäute malträtiert, andere getötet – und war weitergesegelt. Sollte John Smith zu den einstigen Übeltätern gehören, würde er, der Powhatan, seinen Gefangenen den betroffenen Angehörigen zur Befriedigung ihrer Rachegefühle überantworten. Damit wäre das Problem gelöst und der »Kaiser« würde immer noch seine Hände in Unschuld waschen können.

Die listige Kalkulation ging nicht auf. Nein, so behaupteten die damals Betroffenen, dieser Engländer sähe ganz anders aus als die wirklichen Übeltäter, vor allem sei er von erheblich kleinerem Wuchs. Sie schickten den Gefangenen nach Werowocomoco zurück. Smiths Leben hing nach wie vor an seidenem Faden.

Der gerissene Engländer spielte seine letzte Karte aus: Er bot dem Powhatan an, gegen sein Leben und eine großzügige Maislieferung eiserne Gerätschaften, einen großen Schleifstein und obendrein noch zwei der größten Kanonen des Forts einzutauschen. Als letzte Draufgabe offerierte der Gefangene dem »Kaiser« ein Scheffelmaß Glasperlen in hochgeschätztem Blau: »Perlen, die das Blau des Himmels eingefangen haben und mit denen sich nur die mächtigsten Majestäten dieser Welt schmücken«, lockte der Brite.

Die Abgesandten des Powhatan brachten prompt die hastig auf einen Zettel gekritzelte Nachricht des John Smith ins Fort. Dort beeilte man sich mit dem Zusammenraffen der Glasperlen, der Beile, Pickel und des weiteren Werkzeugs. Mit dem Schleifstein hatten die Indianer bereits ihre liebe Mühe, und als sie dann auch noch den Versuch unternahmen, die Kanonen aufzuheben und wegzutragen, mußten sie vor deren Gewicht kapitulieren. Ihnen ging auf, daß sie an der Nase herumgeführt werden sollten.

Der Powhatan befand sich in einer bösen Zwickmühle: Wollte er nicht sein Gesicht verlieren, blieb ihm nichts anderes mehr übrig, als einmal mehr nach dem Henker zu rufen. Smith wurde gefesselt, zum Altarstein geschleppt. Der muskulöse Todesbringer hob den Stein bereits über den Kopf, es war nur noch eine Frage von Zehntelsekunden und ... In diesem Augenblick warf sich Pocahontas über den Todgeweihten und rettete ihn zum zweiten Mal vor dem sicheren Tode.

Nein, so war es sicher nicht, so sieht es Hollywood, so sieht es die romantische Legende.

Im Dunkel der Historie bleibt verborgen, mit welchen Listen es John Smith letztendlich gelang, seinen Kopf aus der Schlinge zu ziehen. Vielleicht hatte er, das Schlitzohr, dem Powhatan etwas versprochen, vorgeflunkert oder eingeredet. Vielleicht gelang es dem Powhatan, seinen Bruder und die übrigen Würdenträger davon zu überzeugen, daß dieses kurzgewachsene Bleichgesicht sich in der Zukunft noch recht nützlich erweisen mochte. Vielleicht fürchtete der »Kaiser« geheime Zauberkräfte. Vielleicht reichte ihm die Demonstration seiner Macht und der Beweis, sie im Notfall rücksichtslos durchsetzen zu können. Vielleicht wollte er tatsächlich seiner Lieblingstochter ihren Herzenswunsch erfüllen ... Vielleicht, vielleicht, vielleicht ... Wer vermag schon hineinzublicken in das Herz eines fremden Menschen, geschweige denn in das eines exotischen Potentaten?

Aus der Bredouille war der eben Davongekommene damit noch nicht. Bei der Ankunft im Fort drohte ihm prompt Ungemach von seiten der eigenen Leute: John Smith wurde vordergründig für den Tod seiner drei Begleiter verantwortlich gemacht. Hintergründig witterten die Kolonisten Verrat, den sie allerdings nicht beweisen konnten. Das bedeutete, mit des Seilers Tochter Hochzeit feiern zu müssen.

Angeblich lag die Schlinge schon um seinen Hals, als ein Kanonenschuß die Ankunft der »Godspeed« und »Susan Constant« ankündigte. Die beiden Schiffe waren nach England zurückgesegelt, hatten rund 100 weitere Kolonisten und lebensrettende Nahrungsmittel an Bord genommen und nochmals glücklich den Atlantik überquert. Die Exekution des Delinquenten wurde verschoben, ihm wurden die Fesseln abgenommen. Später war dann keine Rede mehr davon, John Smith in irgendeiner Form zu bestrafen.

Auch dieses hochdramatische Geschehen um den kleinen, gewieften Engländer ist nicht über jeden historischen Zweifel erhaben. Fest steht nur, daß die Ankunft der beiden Segler die Kolonie zumindest vorläufig rettete.

*

Pocahontas beobachtete mit großen Augen das Spektakel des Ausschiffens der Passagiere, die Entladung all der Kisten, Fässer, Ballen, der Baumaterialien, der Werkzeuge, der Hellebarden, Musketen und Feldschlangen. Der Powhatan mag mit den Zähnen geknirscht haben, als sie ihm darüber berichtete. Der Stachel in seinem Fleisch, der sich aufzulösen und von selbst herauszuwachsen schien, wurde durch einen neuen, größeren, härteren, schmerzhafteren ersetzt. Doch endlich schien sich ihr böser Gott Okeus mit den Indianern gegen die Weißen zu verbünden.

Deren Euphorie über die scheinbare Rettung war nur von kurzer Dauer: Schon wenige Tage nach dem Verstauen wurden die eben erst angelandeten Nahrungsmittel ein Raub der Flammen. Die Lage der Kolonie war prekärer als je zuvor, galt es jetzt doch, an die 150 Leute zu versorgen. Die Menge der Tauschwaren, der Kochkessel, Beile, Messer, Scheren, all der dekorativen Kupferblättchen und bunten Glasperlen, die die Indianer für ihren Mais verlangten, stieg in schwindelnde Höhen. Nachfrage und Angebot regelten den Preis, damals wie heute und auch bei den Geschäften mit den Rothäuten.

Um die Handelsbeziehungen zu zementieren, tauschte man Geiseln aus. Ein englischer Boy, Thomas Savage, blieb bei dem Powhatan in Werowocomoco, ein Indianerjunge namens Namontak siedelte nach Jamestown über.

*

Die Aussichten der Indianer, die Eindringlinge mit einem wenig verlustreichen Handstreich vertreiben oder aushungern zu können, verschlechterten sich, als die »Phoenix« 40 weitere Kolonisten und dringend erwartete Verpflegung nachschob. Also setzte der Powhatan auf Diplomatie.

Im Mai 1608 erschien Pocahontas einmal mehr im Fort, diesmal in »offizieller« Mission. Sie sollte vorfühlen, unter welchen Bedingungen sieben von den Engländern ertappte, kupferfarbene Diebe wieder freikommen könnten. Wie zu erwarten, wurde der Deal gegen eine beträchtliche Maislieferung festgezurrt.

Eins erstaunte die Indianer immer noch: Statt selbst Mais anzubauen, der in diesen Regionen gleich zweimal im Jahr reichen Ertrag bringt, verzettelten die Bleichhäutigen ihre Kräfte auf der vergeblichen Suche nach Gold, bei der ebenso illusorischen Suche nach einer Wasserstraße quer durch den noch unerforschten Kontinent, mit der Verstärkung der Befestigungsanlagen und dem Bau weiterer massiver Häuser.

Pocahontas, inzwischen zwölf oder dreizehn Jahre alt, lief nun nicht mehr einfach nackt herum, wie bei den indianischen Kindern üblich; sie trug inzwischen einen befransten Lendenschurz. Wenn sie mit John Smith, der zum Vorsitzenden des Rates von Jamestown gewählt worden war, oder einem anderen Mann sprach, kreuzte sie artig die Arme vor ihrer kleinen, nach wie vor unbedeckten Brust.

John Smith witterte inzwischen eine andere Gefahr: Bei einem Vorstoß zu den Susquehannock-Indianern hatten seine Leute Beile und Werkzeuge französischer Herkunft gefunden, die auf langen, verschlungenen Handelswegen von Kanada ihren Weg zu diesem Stamm gefunden hatten. Daraus konnte eine tödliche Bedrohung durch die feindliche, europäische Großmacht Frankreich erwachsen, die ebenfalls in Nordamerika weitgesteckte koloniale Ziele verfolgte. Also mußte sich John Smith den Rücken freihalten und unter allen Umständen freundschaftliche Beziehungen zu den Powhatan pflegen beziehungsweise aufbauen. Dabei sah er in der Figur der inzwischen gar nicht mehr so kleinen Pocahontas eine wichtige Schaltstation. Umgekehrt lieferte die »Prinzessin« dem Powhatan wertvolle Berichte über die Vorgänge in der Kolonie.

Sie überbrachte schlechte Nachrichten: Wieder einmal hatte ein Segler, diesmal die »Mary & Margret«, vor Jamestown festgemacht. Von ihren Decks gingen nicht weniger als 70 neue Kolonisten an Land. Unter ihnen befanden sich sogar zwei Frauen: eine Mrs. Forest und ihr Hausmädchen Anne Burras.

Zwar starben immer noch viele der Neuankömmlinge; von zehn überlebte nur einer die ersten zwei, drei Jahre.

Aber die Quelle, aus der die Bleichhäutigen nachströmten, schien dem staunenden Powhatan und seinen Beratern unerschöpflich. Irgendwann würde der zaudernde Potentat zuschlagen müssen – oder die Prophezeihung der Medizinmänner erfüllte sich, und die Flut der Weißen würde ihn gnadenlos hinwegspülen.

*

Um die Engländer in Sicherheit zu wiegen, gab der Powhatan ein großes Fest. Als Anlaß mag er genommen haben, daß seine Lieblingstochter Pocahontas ihre Kindheitspfade verlassen und künftighin den Weg der Frauen beschreiten werde.

Es sollte ein großes »Love-in« werden, bei dem »30 junge Frauen, ihre Körper bunt bemalt, aber sonst nackt bis auf ein paar Blätter um die Hüften«, aufreizend vor den Engländern herumtanzten, in der eindeutigen Absicht, diese in ihre Hütten zu komplimentieren und ihnen dann statt Liebe und Lust den Tod zu bescheren. Die Briten waren vorsichtig genug, nicht in die Falle hineinzutappen.

Sie versuchten ihrerseits, dem Powhatan um den Bart zu gehen, und hatten dazu eine große Zeremonie vorbereitet, um den »Kaiser« als Vasall ihres Königs James I. zu bestätigen und zu krönen. In voller Regalia kreuzten ihre Hauptleute vor Werowocomoco auf und ließen als Krönungsgeschenke ein prächtiges Himmelbett, einen Purpurmantel und eine Kupferkrone an Land schaffen. Dem Powhatan schienen diese Aufmerksamkeiten zu gefallen, doch das Protokoll der Zeremonie geriet um ein Haar zum Desaster: Der störrische Powhatan weigerte sich, sowohl sein Haupt zu senken wie auch die Knie zu beugen. Für die allesamt kleineren Engländer war es deshalb schwierig, ihm die Krone auf den Kopf zu setzen. Das verfrühte Abfeuern einer Pistole, gedacht als Aufforderung für die Kanoniere der nahebei ankernden Schaluppe, Salut zu schießen, löste Chaos und Panik aus. Pocahontas konnte jedoch die Gemüter beruhigen und erklären, daß fremde Menschen eben auch fremde Sitten befolgten.

Der gekrönte »Kaiser« und seine Entourage fanden zu ihrer Contenance zurück. John Smith erhielt als Gegengeschenk für seinen König James I. einen Hirschledermantel und ein Paar Mokassins. Es ist nicht bekannt, ob der Britenkönig das Geschenk je getragen hat – dafür ist der Mantel heute noch im Ashmolean Museum in Oxford zu besichtigen.

Das so großartig inszenierte Manöver der Briten zeigte keinerlei Resultat. Der Powhatan erhöhte noch einmal den Preis für seinen Mais und verlangte zusätzlich Feuerwaffen. Er verbot Pocahontas weitere Besuche in der Kolonie und verheiratete sie mit dem Anführer der befreundeten Potomac (im heutigen Washington, D.C.) – mit dem mächtigen Häuptling Kocoum. Es ist nicht überliefert, in welcher Form Pocahontas auf das väterliche Verdikt reagierte. Wahrscheinlich hat sie ein wenig um den Verlust des Kontaktes zu dem von ihr verehrten John Smith getrauert, vielleicht war der ihr »zugewiesene« Gatte in ihren Augen gar kein so übler Typ. Wir wissen es nicht, dürfen aber vermuten, daß die angeordnete Heirat aus Staatsraison sich keineswegs zu einem herzzerreißenden Drama entwickelte.

Der Powhatan verkündete darüber hinaus, jeglichen Kontakt seiner Untertanen mit den Briten durch Marter und Tod zu bestrafen. Das bedeutete die endgültige Konfrontation.

Inzwischen schien der göttliche Bösewicht Okeus sich erneut auf die Seite der Powhatan zu stellen: John Smith, der Gewitzteste und Tüchtigste unter den Kolonistenführern, zog sich bei einer unglücklichen Schwarzpulverexplosion schwere Verbrennungen zu. Er mußte zur Behandlung seiner Verletzung zurück nach England. Anfang Oktober 1609 verließ er die Kolonie und sollte seinen Fuß nie wieder auf amerikanischen Boden setzen.

Pocahontas erfuhr am Potomac von dem Unglück, glaubte aber, John sei dabei umgekommen. Sie war sicherlich sehr traurig über die Nachricht, doch Naturmenschen wie Indianerinnen sind es gewohnt, sich an den konkreten Gegebenheiten des Augenblicks zu orientieren, ohne ein Menschenleben lang einer schönen Erinnerung nachzutrauern.

Unter den Kolonisten hielt der Sensenmann weiter gräßliche Ernte: Von den bislang aus England herübergekommenen 220 Menschen lebten im Mai 1610 nur noch wenig mehr als 100.

Der Powhatan sah den Zeitpunkt gekommen, die Feindseligkeiten zu eröffnen: Seine Strategie basierte darauf, möglichst viele »poccasachs« (Musketen), Äxte, Schwerter und Hellebarden der Weißen zu erbeuten und dann die Eindringlinge mit den eigenen Waffen zu schlagen und zu vernichten.

Das Konzept schien aufzugehen: Die Indianer töteten Captain Sicklemore und 30 seiner Leute; bei Einzelüberfällen starben 30 weitere Kolonisten. Damit war Jamestown auf ein verzweifeltes Häuflein von weniger als 50 Menschen geschrumpft. Hunger und Not regierten; wenn einer starb, soll er von den Überlebenden aufgegessen worden sein, so wurde berichtet.

Der Powhatan konnte sich in aller Ruhe zurücklehnen. Es war nur noch eine Frage von ein paar Wochen, und der fremde Stachel war endgültig aus seinem Fleisch gezogen.

Wieder schienen die wankelmütigen Götter den Engländern wohlgesonnen, als über der Kimm im Osten zwei Segel auftauchten. Doch die beiden Schaluppen, die »Deliverance« und die »Patience«, waren weiter nichts als grob zusammengehauene, schwimmende Untersätze, hergerichtet aus den Wrackteilen der »Sea Venture« und mit deren Überlebenden bemannt. Die »Sea Venture« war vor den Bermudas einem Hurrikan zum Opfer gefallen und auf ein Riff geschleudert worden.

Angesichts der hoffnungslosen Zustände in Jamestown, der eigenen Misere und der Feindseligkeit der Powhatan entschieden die überlebenden Befehlshaber, das demoralisierte Häuflein der restlichen Kolonisten an Bord zu nehmen, wieder Segel zu setzen und nach England zurückzukehren.

Noch bevor die schwimmenden Särge der »Deliverance« und »Patience« das Cape Henry passiert hatten, näherten sich ihnen von See her drei große, tüchtige Schiffe in ihrer ganzen majestätischen Pracht und Herrlichkeit: die Fregatte »De La Warr« und zwei bis an die Halskrause mit Menschen, Verpflegung und Material beladene Frachter. Die Kolonie hatte eine neue Chance erhalten.

Der Powhatan haderte mit den Priestern, die wiederum mit den Geistern. In Pocahontas' Lebensschicksal aber deutete sich eine entscheidende Wende an.

*

Auch wenn die Chancen für die Neuankömmlinge schlecht waren – nur jeder Fünfte überstand das erste

Jahr auf amerikanischem Boden –, hielt sich die Siedlung dank der unablässigen Blutzufuhr von Kolonisten aus dem Mutterland.

Der Gouverneur Sir Thomas Dale regierte mit harter Faust. Seine Erlasse verboten die kleinste Andeutung eines despektierlichen Verhaltens gegenüber König, Kirche oder den Machthabern der Kolonie. Die Strafen waren drakonisch: Wurde einer wegen seines Fluchens überführt, wurde er ausgepeitscht. Beim zweiten Mal wurde seine Zunge mit einer Ahle durchbohrt, beim dritten Mal wurde er aufgehängt.

Das Nichterscheinen zum Gottesdienst zog den Entzug der Verpflegung für eine volle Woche nach sich; bei einer Wiederholung wurde der Delinquent ausgepeitscht. Beim dritten Mal wurde unnachsichtig gehängt, erschossen oder gar auf dem Scheiterhaufen verbrannt. Die Weigerung, der Anweisung eines Geistlichen zu folgen, zog die Prügelstrafe nach sich. Die Büttel schlugen so lange auf ihr Opfer ein, bis dieses klein beigab – oder der Tod eintrat.

Den kleinsten Diebstahl ahndeten die Oberen der Kolonie mit dem Abschneiden eines Ohres oder dem Einbrennen des Diebsmals in die Hand. Bei schwereren Vergehen wurde der Täter »kurzgeschlossen«, das heißt Hals und Füße wurden zusammengebunden, die Hände gefesselt. So wurde er einen Tag und eine Nacht seinen Qualen überlassen. Auf schwerere oder wiederholte Eigentumsvergehen stand der Tod.

Mit diesen drakonischen Maßnahmen ließ sich zwar die innere Disziplin in der Kolonie aufrechterhalten, doch nützten sie wenig gegen die Attacken von außen. Aus der Warte der Briten tat sich vor allem die Häuptlingsfrau Oppussoquionusque negativ hervor, als sie zwei

Dutzend ihrer Mädchen anwies, eine Gruppe von Kolonisten zu einem Schäferstündchen aufzufordern. Zwanzig der jungen Männer gaben der Versuchung nach und wurden prompt erschlagen, worauf Sir Thomas Dale zur Vergeltung die Siedlung der Häuptlingsfrau niederbrennen ließ.

So schmerzhaft dieser Verlust auch für die Kolonisten war, die größte Bedrohung stellte nach wie vor der Powhatan mit seiner tausendköpfigen Kriegerschaft dar.

Da man dem »Kaiser« militärisch nicht beikommen konnte, reifte bei den Engländern der Plan, dessen Lieblingstochter Pocahontas zu entführen und damit ihren Vater zum Einlenken zu zwingen. Die Aktion lief aus der Sicht der Entführer wie am Schnürchen: Bei einem Besuch der Potomac lud Captain Samuel Argall die gutgläubige Pocahontas und den angesehenen, zuvor eingeweihten und bestochenen Indianer Jopassus mit dessen Frau ein, sein Schiff, die »Treasurer«, zu besichtigen und anschließend am »Captain's Dinner« teilzunehmen.

Nach dem üppigen Mahl verließen Jopassus und Gattin hochzufrieden mit dem Judasgeschenk eines Kupferkessels das Schiff, während Pocahontas vergeblich gegen die verschlossene Tür des Mannschaftslogis der »Treasurer« hämmerte. Der jungen Frau wurde rasch klar: Sie war Argalls Gefangene – und fügte sich in ihr Schicksal, »wenn auch schweigsam und unzufrieden«, wie der Entführer berichtete. Der Captain ließ sofort die Anker lichten und Segel setzen.

Wie Pocahontas' Ehemann Kocoum reagierte, ist nicht bekannt. Der Häuptling eines so mächtigen Stammes wie der Potomac mag mit den Zähnen geknirscht, sich dann aber mit der ihm verbliebenen weiblichen Entourage zufriedengegeben beziehungsweise getröstet haben.

Als Pocahontas am 13. April 1613 in Jamestown eintraf, wurde sie freundschaftlich, fast herzlich empfangen und entsprechend aufgenommen, was ihr über ihre Entführung hinweggeholfen haben mag. Ob sie ihren Mann Kocoum überhaupt vermißte, geht aus den zeitgenössischen Berichten nicht hervor. Beeinflußt von den Moralvorstellungen jener Zeit, wurde die erste Heirat von Pocahontas ohnehin vollständig unter den Teppich gekehrt. Für die junge Indianerin galt wieder der Status, den sie zuvor in der Kolonie eingenommen hatte: Sie war die unberührte Jungfräulichkeit in Person einer Indianerprinzessin. Dazu mögen ihr Aussehen und Wesen beigetragen haben: Sie war klein, schlank, geschmeidig, liebreizend-mädchenhaft.

»Zur Person« liest es sich in der Chronik so: »Ihre dunklen, leicht schräggestellten Augen korrespondierten mit einem wie Rabengefieder glänzendem Haarschopf. Ihre Züge waren feingeformt und doch ausdrucksstark; die hohen Backenknochen waren von einer makellosen, kupferfarbenen Haut überspannt. Ihr langes Haar wallte auf den Rücken hinunter. Ihre feingliedrigen Hände untermalten mit wohlbemessener Gestik ihre gutartikulierte Sprache. Ihr Wesen war sanft und umgänglich und keineswegs hochfahrend wie das einer europäischen Prinzessin.«

Die Engländer verloren keine Zeit und schickten einen Boten zum Powhatan, um den »Kaiser« zu unterrichten, seine Lieblingstochter sei in ihrer Gewalt. Der rote Machthaber gab sich vorläufig unbeeindruckt.

Nach einer Bedenkzeit schien er jedoch zum Einlenken bereit und schickte sieben englische Gefangene, eine gestohlene Breitaxt und eine Säge zurück. Dieser Retoursendung ließ er eine Kanuladung Mais folgen. Doch den großen Rest der geraubten Waffen und Werkzeuge behielt er und ließ über diese ersten Gesten hinaus nicht die geringste Bereitschaft erkennen, seine feindselige Haltung der Kolonie gegenüber zu ändern. Wie schon zuvor schien der indianische Machthaber abzuwarten. Wollte die Kolonie überleben oder gar wirklich prosperieren, so gab es nur ein einziges Mittel: weiteren Nachschub aus dem Mutterland heranzuholen. Nachschub an Menschen und Material, um den Indianern militärisch und zahlenmäßig Paroli bieten zu können.

Pocahontas schien sich problemlos in ihre Umgebung einzufügen, und allem Anschein nach verschwendete sie nicht übermäßig viele Gedanken oder Gefühle an ihren Mann Kocoum oder auch an ihren Vater, den Powhatan. Eine Rückkehr zu Vater oder Gatten wäre ihr leicht gefallen, denn sie wurde keineswegs wie eine Gefangene gehalten. Auch ohne John Smith nahm sie den Faden an dem Ende wieder auf, wo er vor ein paar Jahren abgerissen war. Sie tauchte tiefer als je zuvor ein in das Dasein in der Kolonie, begann die Sitten und Gebräuche der Weißen anzunehmen.

*

Irgendwann kamen die weißen Verantwortlichen von Virginia auf eine andere Idee: Wenn sich Prinzessin Pocahontas nicht als Druckmittel gegen ihren hartschädeligen Vater verwenden ließ, so konnte man sie doch als überzeugendes »PR-Objekt« einsetzen. Nach England geschickt, würde sie dort sicherlich für Aufsehen sorgen. Das wiederum würde die Kolonie im Gespräch halten und zusätzliches Kapital und unternehmungslustige Menschen mobilisieren.

Für eine solche »Werbekampagne« mußte die Prinzessin entsprechend »erzogen« werden. Sie wurde auf die Farm des Reverend Alexander Whitaker gebracht, dort in ein hochgeschlossenes Kattunkleid mit Spitzenkragen gesteckt. Das Naturgeschöpf – Pygmalion läßt grüßen – sollte in eine englische Lady umgeformt werden. Dazu gehörten, getreu dem Zug der Zeit, nicht nur das entsprechende Benehmen, sondern auch die Unterweisung im Katechismus und die regelmäßigen Besuche des Gottesdienstes. Das frohe Heidenkind sollte zur ehrpusseligen Christin gewendet werden.

Pocahontas spielte mit. Ob aus Überzeugung, aus Neugierde, aus Opportunismus oder der Summe dieser und anderer Beweggründe wissen wir nicht.

Im Frühjahr 1614, so berichtet die Chronik, sei Pocahontas getauft worden, da habe sie ihren indianischen Namen abgelegt und sich in Zukunft Rebecca genannt.

Bereits während der Vorbereitungszeit auf ihr neues Dasein als Christin hatte Pocahontas einen jungen, ehrenwerten, 28 Jahre zählenden Witwer kennengelernt: John Rolfe, ein Mann aus gutem Hause, mit entsprechender Erziehung und Bildung. Er gedachte, in Virginia als Tabakpflanzer zu reüssieren, und experimentierte mit spanischen, englischen und indianischen Sorten. Über alledem hatte er die junge, schöne Indianerin schätzen- und liebengelernt, wie es so schön heißt. Umgekehrt war, wie man annehmen darf, Pocahontas/Rebecca auch John Rolfe innig zugetan.

John Rolfe war sich der Probleme wohlbewußt, die seine Heirat mit einer fremdrassigen Frau aufwerfen würde: Unter den damaligen puritanischen Verhältnissen waren Ehen dieser Art kategorisch tabuisiert. Mit erstaunlicher Zivilcourage bat der junge Witwer schriftlich und offiziell um die Heiratserlaubnis, wobei er es nicht unterließ, dem Gouverneur Dale zu erklären, »daß es nicht die fleischliche Lust und Hinwendung sei«, die ihn zu diesem Schritt bewog, sondern »daß er dabei auch das Wohl der Kolonie, die Ehre unseres Landes und den Ruhm Gottes« im Auge habe.

Dale ging es um nichts anderes als das Prosperieren der Kolonie und das eigene Prestige. Er nutzte den Vorwand der »Brautwerbung«, um zum Powhatan Kontakt zu suchen. Der »Kaiser« machte wenig Aufhebens, sagte Ja und Amen zur Heirat und versprach, sich in Zukunft friedlich zu verhalten.

Wenn Rebecca/Pocahontas überhaupt erkannte, daß ihre Heirat den Abschied aus der ihr vertrauten Gesellschaft der Küsten-Algonquin bedeutete, schien der Bruch sie mit keiner großen Wehmut zu erfüllen. Immerhin registrierte sie zufrieden, daß ihr Vater ihre Hochzeit mit einem seiner Antagonisten nicht zum Anlaß für neuerliche Feindseligkeiten nahm, sondern, im Gegenteil, seine Einwilligung zu der Verbindung gegeben hatte. Der »Kaiser« ließ sich jedoch nicht soweit herab, selbst an dem Fest teilzunehmen und schickte statt dessen seinen Bruder, Rebecca/Pocahontas' Onkel, den undurchsichtigen Opechancanough.

Über die Gedanken und die vielleicht im tiefsten Innern widerstrebenden Gefühle der Braut während der Trauung ist – natürlich – nichts bekannt, dafür aber über ihre Ausstattung: Sie trug eine Tunika aus Dacca-Musselin, einen bis zum Boden fließenden Schleier und eine Robe aus schwerem Brokat. Eine Kette aus seltenen, sehr kostbaren Süßwasser-Perlen schimmerte an ihrem Hals.

Vielleicht war das inzwischen vollständige Eintauchen in die fremde, verlockende und wohl immer noch nicht ganz verständliche Welt der Weißen für die junge Indianerin sowohl Verheißung wie auch Abenteuer. Vielleicht war sie sich selbst nicht der letzten Konsequenz ihres Schrittes bewußt. Vielleicht verließ sie sich voll und ganz auf John Rolfe. Viel Zeit und Muße, darüber nachzudenken, sollten ihr allerdings nicht mehr bleiben.

Nach der Hochzeitszeremonie zog das frischgetraute Paar in das neuerbaute Haus »Verina« - so genannt nach einer besonders großen Ertrag versprechenden Tabaksorte.

*

Ob die Heirat zwischen der Indianer-Prinzessin und dem englischen Gentleman zum Frieden zwischen Eindringlingen und Ansässigen beitrug, ist unklar - aber glaubhaft: Der alte Powhatan begrub das Kriegsbeil, doch sein Bruder Opechancanough dachte nicht daran, die Weißen nach ihrem Gutdünken schalten und walten zu lassen.

Rebecca/Pocahontas brachte zeitgerecht neun Monate nach der Hochzeit einen Sohn zur Welt, der den Namen Thomas erhielt. Alles schien seinen Gang zu gehen, bis König James im fernen London von der Verbindung erfuhr. Seine Majestät zeigte sich nicht nur »not amused«, sondern schrie Zeter und Mordio. Der Londoner Potentat befürchtete, Rolfes womöglich zahlreicher, rothäutiger Nachwuchs könnte die mit soviel Geld und Menschenopfern gegründete Kolonie usurpieren und den Engländern wieder entreißen. Der König brachte sogar den Gedanken an Hochverrat ins Spiel. Seine Berater hatten die größte Mühe, die Bedenken des gekrönten Hauptes zu zerstreuen.

Trotz des höchstherrschaftlichen Zorns verfolgte die Virginia Company hartnäckig den ursprünglichen Plan,

Pocahontas und ihr Sohn

die rot-weiße Heirat als große PR-Aktion auszuwerten. Also mußten Rebecca/Pocahontas, John Rolfe und der kleine Thomas die beschwerliche und gefährliche Reise über den großen Atlantik antreten.

Am 12. Juni 1616 machte die »Treasurer« am Kai von Plymouth fest. Im zumindest zahlenmäßig stattlichen Gefolge der Rolfe-Familie befand sich Rebecca/Pocahontas' Halbschwester Matachanna im Hirschledergewand, deren Gatte Tomocomo im Lendenschurz und Fellmantel, eine weitere Halbschwester, deren Name nicht überliefert ist; und dazu gesellten sich vier weitere männliche Begleiter und drei weibliche indianische »Bedienstete«.

Alles war vorbereitet - und »tout L'Angleterre« war auf den Beinen, der Prinzessin aufzuwarten. Mit welchen Augen die junge Indianerin und ihr Anhang die fremdartige, beeindruckende und wahrscheinlich auch beängstigende Welt sahen, ihr erster Eindruck, ihre Überraschungen und Empfindungen: all das ist leider nicht bekannt.

Sie mag sich beengt und bedrückt gefühlt haben in diesem Meer von Häusern aus toten Steinen, auf den Straßen, eben breit genug, daß zwei Fuhrwerke aneinander vorbeikamen; in schmutzigen Gassen, in denen ein Mann mit seitwärts ausgestreckten Armen die beiden Häuserwände berühren konnte. Mit den überhängenden Obergeschossen, die auch den Blick zum Himmel einengten. Mit all dem Kot, dem Schlamm, dem Dreck, in dem Schweine wühlten und Kinder spielten. Das weitverbreitete Elend, der Hunger, die Krankheiten - vielleicht hat sie das alles gar nicht gesehen oder nicht wahrgenommen. Vielleicht ist alles wie ein Film für sie abgelaufen. Möglicherweise hat sie nur die Kulisse gesehen und nicht dahintergeblickt.

Den zurückgebliebenen Powhatan interessierte etwas anderes. Er hatte Tomocomo angewiesen, alle Menschen zu zählen, die ihnen in England begegnen würden. Der Indianer-Herrscher wollte es genau wissen, ob das Volk des Königs von England wirklich zahlreicher war als das eigene. Der bedauernswerte Tomocomo begann auch brav damit, für jeden Weißen, dessen er anfangs ansichtig wurde, eine Kerbe in den eigens mitgebrachten Stock zu schnitzen – doch schon nach kurzer Zeit mußte er aus einleuchtenden Gründen sein Vorhaben aufgeben. In England lebten zu Beginn des 17. Jahrhunderts zwar nur vier Millionen Menschen, doch das genügte für Tomocomo zur Formulierung der späteren Aussage: »Das Volk des englischen Herrschers ist zahlreicher als die Sterne des Himmels, die Sandkörner des Strandes und die Blätter des Baumes.«

Die ununterbrochene Folge von Empfängen, Aufwartungen, Visiten bei den Vertretern von Adel, Staat und Kirche ließen Rebecca/Pocahontas, ihrem Mann und ihrem Gefolge kaum Zeit zum Atemschöpfen.

Der Lord-Bischof von London lud sie in den Lambeth Palace ein, Sir Walter Raleigh begleitete sie in den Tower, wo gerade der Earl of Northumberland einsaß, dessen Bruder die damalige Pocahontas in Virginia oft besucht hatte, der Poet und Dramatiker Ben Johnson küßte der Prinzessin artig die Hand, und neben all diesem Auftrieb mußte ihr Erscheinen bei Hofe – wo offenbar ein Sinneswandel stattgefunden hatte – vorbereitet werden.

Umtriebigkeit und Aufregungen waren nicht nur verwirrend, sondern auch überaus anstrengend für die junge Frau. Zwischendurch mußte sie immer wieder das Bett hüten. Wahrscheinlich hatte sich die Geißel aller indianischen Völker, die Tuberkulose, bereits in ihrer Lunge fest-

Pocahontas im Jahre 1616

gesetzt. Die stickig-feuchte Luft Londons machte ihr schwer zu schaffen.

John Rolfe fand ein Quartier in Brentfort, damals knapp zehn Meilen außerhalb der Stadtgrenze. Doch Ruhe kehrte auch dort nicht ein, der Strom der Besucher wollte nicht abreißen. Zu Rebecca/Pocahontas grenzenloser Überraschung befand sich unter all diesen Menschen ein kleiner, längst totgeglaubter Mann: kein anderer als John Smith, ihr »Schwarm« aus frühen Mädchenjahren. Im Ansturm der Gefühle dauerte es minutenlang, bis die junge Frau ihre Überraschung überwunden, sich wieder unter Kontrolle hatte. Sie drehte sich um, vergrub lange und wortlos ihr Gesicht in beiden Händen. Als sie endlich die Sprache wiederfand, redete sie, wie schon in Jamestown, John Smith mit »father« an. Der Totgeglaubte beeilte sich, Rebecca/Pocahontas darauf aufmerksam zu machen, daß die Tochter eines Kaisers eine andere Anrede für ihn, den demütigen Angehörigen eines viel niedrigeren Standes, parat haben müsse. Auch wenn sich das weitere Gespräch in Belanglosigkeiten erschöpfte, hatte die Begegnung die junge Frau tief aufgewühlt. Zu einem zweiten Treffen der beiden kam es aber nicht.

Sie reisten statt dessen nach Heacham, dem Familiensitz der Rolfes, dann zurück nach London, wo die Virginia Company einmal mehr keine Gelegenheit ausließ, die Indianer-Prinzessin herumzureichen und für ihre Zwecke auszubeuten. Die Herren Gesellschafter konnten zufrieden sein. Die »Kaiser-Tochter« und damit auch die Company waren in aller Munde.

Doch die Gesundheit der jungen Indianerin verschlechterte sich von Tag zu Tag. Es schien opportun, die Rückkehr der Rolfes und ihres Gefolges nach Virginia ins Auge zu fassen.

Pocahontas sollte ihre Heimat jedoch nicht wiedersehen. Nach siebenmonatigem Aufenthalt in England verstarb sie auf dem Weg nach Gravesend, wo sie an Bord des Seglers in ihre überseeische Heimat gehen sollte. Der Indianerin waren nicht mehr als gut zwei Jahrzehnte ins Wiegenbett gelegt worden. Ihre letzten Worte sind überliefert: »Wir alle müssen sterben. Es genügt, wenn das Kind weiterlebt.«

*

Zwei Jahre später, 1618, segnete auch Pocahontas' Vater, der Powhatan, das Zeitliche. Sein Nachfolger sollte der verkrüppelte und inkompetente Bruder Itopatni werden, doch der undurchschaubare Opechancanough entwand diesem die Powhatan-Würde. Mit größerer Konsequenz als sein Vorgänger versuchte der einstige Don Luis, die Engländer auszumanövrieren.

Am 22. März 1622 griffen die Powhatan überraschend die Kolonie an und töteten 347 Weiße, darunter viele Frauen und Kinder.

Danach schien dem roten Potentaten ein Gottesgericht zu Hilfe zu kommen: Eine Epidemie raffte mehr als 700 in der Virginia-Kolonie ansässige Weiße dahin. Doch das Volk jenseits des Ozeans war wirklich zahlreicher als das Laub an den Bäumen, die Sandkörner an den Stränden und die Sterne am Himmel: Der über den Atlantik fließende Strom von Menschen und Material erwies sich als unerschöpflich.

Inzwischen hatten die rücksichtslose Kriegführung der Engländer und die von ihnen eingeschleppten Krankheiten das Potential der Rothäute empfindlich geschwächt. Und doch rafften diese sich ein letztes verzweifeltes Mal auf: 1644 schlugen sie unter der Führung des inzwischen fast hundertjährigen Opechancanoug noch einmal erbarmungslos zu und töteten rund 400 Siedler. Danach zogen sie sich in die Wälder zurück.

Die Engländer zeigten sich durch den Blutverlust wenig beeindruckt: Sie verfolgten ihre Peiniger bis tief in das Landesinnere hinein, töteten viele Krieger und nahmen noch mehr gefangen, um sie in die Karibik als Sklaven zu verkaufen. Sie machten damit nicht nur ihr Geschäft, sondern waren auch »in Zukunft und auf Dauer vor Belästigungen sicher«.

Opechancanough wurde 1646 gefangengenommen. Er war zu diesem Zeitpunkt über hundert Jahre alt, konnte sich ohne fremde Hilfe kaum noch aufrechthalten und sollte in ein Gefängnis gesteckt werden, wurde aber von einem englischen Soldaten auf dem Weg dorthin »auf der Flucht erschossen«.

*

1660 lebten bereits über 30 000 Weiße im einstigen Siedlungsgebiet der Powhatan und ihrer Verbündeten. Die Anzahl der Indianer war im Bereich der sich immer weiter ausbreitenden Kolonie von einst 15 000 auf rund 3 000 Leute geschrumpft.

Ihre Zahl verminderte sich weiter. Eine Volkszählung im Jahre 1950 ergab, daß im Einzugsbereich der Chesapeake Bay nur rund 600 Indianer von der Nachkommenschaft der Powhatan überlebt hatten. Die weiße Bevölkerung im selben Raum beläuft sich heute auf grob geschätzte 20 Millionen Menschen.

Wäre noch ein Wort zu den direkten Nachkommen Pocahontas' und ihres Sohnes zu sagen: Die Rolfes gehören heute noch zur »upper upper class« Virginias, hinsichtlich Besitz, Einkommen und Einfluß.

Sacajawea: Die Shoshonin, die den Weißen den Weg wies

Als die junge Indianerin in das »Rampenlicht der Geschichte trat«, wie es so schön heißt, war sie etwa 17 Jahre alt. Bereits in diesem frühen Alter hatten zwei einschneidende Ereignisse ihren Lebenspfad in eine Richtung gelenkt, die ihr keineswegs am Wiegenbrett gesungen worden war.

Sie war als Shoshonin geboren worden. Ihr Name – wenn auch in seiner jetzigen Form verballhornt – könnte mit »Die das Boot vorwärts schiebt« übersetzt werden. Die Heimat ihres Volkes war die pittoreske, aber im Vergleich zu den Prärien wildarme Gebirgswelt des heutigen Idaho. Die Shoshonen, stammes- und artverwandt mit den in die südlichen Ebenen abgewanderten Comanchen, galten als die »Wächter der Felsengebirge« – der Rocky Mountains. Die Franzosen nannten sie »gens des serpents«. Allein durch ihr unvermitteltes Auftauchen versetzten die Shoshonen die ersten, vom Chevalier de La Vérendrye angeführten französischen Entdecker und ihre Scouts in Angst und Schrecken. Die sonst furchtlosen Männer kehrten um und zogen sich in Richtung der nordwestlichen Prärien zurück. Es hieß, die »Schlangenindianer« hätten nicht weniger als 17 Tipis ihrer Feinde in der Nähe der Black Hills erobert und verbrannt. Lediglich die »gens de l'arc« – wohl die mit den Blackfoot verbündeten Piegan – standen im Ruf, sich mutig den Shoshonen zu stellen.

Die »Serpent-«, »Snake-« oder »Schlangenindianer« genannten Rothäute beschränkten, will man dieser Behauptung Glauben schenken, ihren Lebensraum also nicht auf die Beckenlandschaften, die Hochebenen und Flußtäler der Gebirgsregionen, sondern stießen häufig in die Ebenen der nördlichen Prärien vor. Dort trafen sie regelmäßig auf wehrhafte Wettbewerber um die von allen begehrte Jagdbeute, die Büffel. Um die in der Ebene stets gefüllten Fleischtöpfe konkurrierten mit den Shoshonen die Blackfoot, die Crow, später die mächtigen Sioux, aber auch die Arikara und Hidsata.

Es gelang den »Snakes« nicht, sich auf Dauer in den flacheren, ernährungs- und damit lebensfreundlicheren Regionen zu etablieren, ihre Domäne blieb ihre angestammte Heimat: die karge, wilde, doch atemberaubend schöne Bergwelt im Süden des heutigen Idaho, im Westen von Wyoming und Colorado.

Sacajawea gehörte der Untergruppe der Lemhi-Shoshonen an. Dieser Stamm lebte am Lemhi-River, einem Nebenfluß des Salmon, der seinerseits in den Snake mündet. Der Snake River ist ein windungsreicher, turbulenter Wildfluß, dem die Shoshonen offensichtlich ihren wenig reputierlichen Namen zu verdanken haben, während andere Quellen behaupten, der Fluß sei – umgekehrt – nach den »Snake« so benannt worden.

Es ist durchaus denkbar, daß mißgünstige Nachbarn den Namen erfunden haben: Bei den Mandan und den Teton hießen sie »Schlangen«, bei den Yankton gar »Klapperschlangen«, während die Crow und Kiowa sie als »Grashütten-Leute« bezeichneten. Sie selbst nannten sich »Neneme« oder »das Volk«.

Allen in den Prärien fest etablierten Völkerschaften war eins gemeinsam: Sie sahen die Shoshonen über die Schulter hinweg als ihre armen, aber nicht ungefährlichen Nachbarn an, die es aus den eigenen Jagdgründen herauszuhalten galt.

Der Überlieferung nach fielen die südlich lebenden Ute meist im Spätwinter in die Lebensräume der Shoshonen ein, wenn deren geringe Vorräte an Fleisch, Piñon-Nüssen, getrockneten Wildfrüchten, den verschiedensten Beeren auf kümmerliche Reste geschrumpft waren, die Menschen vom Hunger entkräftet und die Krieger kaum noch in der Lage waren, den Übergriffen ihrer Feinde Widerstand entgegenzusetzen. Die Ute erschlugen alle, die ihnen unnütz schienen, entführten die jungen Männer und Frauen, auch die heranwachsenden Kinder in ihre Camps, päppelten sie auf und verkauften sie mit sattem Profit als Sklaven auf dem Markt von Taos an die Spanier und Mexikaner.

*

Die Shoshonen lebten nicht nur in einer kargen Umgebung, bedroht von äußeren Feinden und widrigen Umständen, sie wurden zu allem Überfluß in ihrer Vorstellungswelt von den Numinimni, den kleinen Kobolden, bedrängt. Diese Plagegeister waren nicht einmal fußhohe Wesen, die in der Dunkelheit der Nacht giftige Pfeile auf unachtsame Menschen abschossen. Auch vor den unvermuteten Angriffen der Menschenfresser-Eule und der rothaarigen kannibalischen Riesen mußten sich die Shoshonen vorsehen. Als Gegenzauber flochten sie sich Adlerfedern oder kleine Wieselbälge in die Haare, und auch die Schwanzfedern des Spechtes hatten nach Ansicht der Medizinmänner und -frauen – den mächtigsten Persönlichkeiten innerhalb einer Gruppe – heilenden Effekt. Als vorbeugende Maßnahme pulverisierten die Frauen trockene Kiefernnadeln, füllten den Staub in kleine Beutel und hängten sie den Kindern um den Hals.

Sie aßen wilde Geranien gegen Magenverstimmungen, tranken Veilchenlotion gegen Lungenkrankheiten und einen Sud aus Seidenkäppchen-Blüten bei Herzbeschwerden.

Ihre Kleidung fertigten sie aus den gegerbten Fellen ihrer Jagdbeute: Hirsch, Biber, Bergschaf, Antilope und hin und wieder Büffel. Den weichen Pelz der Karnickel trugen die Frauen als Unterwäsche.

*

In ihrer marginalen Gesellschaft, die gleichermaßen vom Sammeln der Wurzeln, Beeren und Früchte wie von Jagd und gelegentlichem Fischfang abhing, hatten die Frauen einen den Männern gleichwertigen Status. Die Heirat war eine recht formlose Angelegenheit: Blieb ein Mädchen über Nacht in der Grashütte eines jungen Mannes oder umgekehrt, galt die Ehe als vollzogen und das Paar als verheiratet. Brautgeld und Aussteuer waren weitgehend unbekannt, weil die materielle Basis fehlte. Ebenso formlos war die Scheidung: Er oder sie ging einfach von dannen.

Gelegentlich ging es auch formeller zu: Zwei Familien hatten aus ihrem Kreis ein Mädchen und einen Jungen schon im frühen Alter ausgewählt und die Absicht der zukünftigen Verbindung durch gegenseitige bescheidene Geschenke zementiert. Meist war es die Sippe des Mädchens, die den künftigen Partner auswählte. Der junge Mann teilte nach Abschluß der Pubertät mit seiner Frau die Hütte der Schwiegereltern, bis das erste Kind geboren wurde.

Eine andere Form der »Eheschließung« erfolgte durch brutale Gewaltanwendung. Wollte ein Mann eine bestimmte bereits verheiratete oder auch unwillige unverheiratete Frau in seinen »Besitz« bringen, versicherte er sich der Dienste eines oder mehrerer Komplizen. Die Gruppe zog vor die Hütte des Opfers und verlangte die Herausgabe des Objektes der Begierde. Meist beugten sich die Betroffenen widerstandslos der übermächtigen Gewalt; Racheaktionen ergaben sich daraus nicht.

Allerdings konnte das Entführungsopfer ihrem neuen »Liebhaber« davonlaufen und in ihre ursprüngliche Behausung, zu ihrem rechtmäßig »Angetrauten« oder ihrer Familie zurückkehren. Als unfein galt, den Frauenraub ein zweites Mal zu wiederholen.

Nach der Geburt eines Kindes mußte die Mutter vier Wochen lang in einer kleinen, separaten Hütte leben, während der Vater für diese Frist einem Tabu unterworfen war und weder Frau noch Kind sehen durfte. Im Gegensatz zu den östlich der Rocky Mountains lebenden Jäger- und Kriegervölkern waren den Shoshonen die neugeborenen Mädchen herzlich willkommen. Sie bedeuteten in absehbarer Zeit nicht nur eine Verstärkung des Sammler-Potentials der Familie, sondern auch die Integration des künftigen Schwiegersohnes, der die Effizienz der Jagd verbessern und eine zusätzliche Schutzfunktion ausüben würde.

Männer und Frauen in den einzelnen, meist kleinen Lebensgemeinschaften kamen zusammen, wie es sich nach der Verfügbarkeit geschlechtsreifer Partner ergab. Da niemand als »Single« existieren wollte oder konnte und gegen Inzest ein äußerst strenges Tabu bestand, war es durchaus Usus, daß ein Mann zwei oder gar drei Frauen »besaß« oder umgekehrt, daß eine Frau zwei Brüder als Partner hatte.

Wenn ein Mann seine Frau verlor, wenn seine Grashütte sich in ein »cry house«, in ein Trauerhaus, verwan-

Shoshone-Frau

delte, dann zog der Witwer zu seiner Schwägerin, auch wenn diese bereits einen Mann hatte. Er nahm sich und erhielt wie selbstverständlich alle ehelichen Rechte und familiären Versorgerpflichten. Umgekehrt zog die Witwe zum überlebenden Bruder ihres Mannes.

Größere Gruppen oder gar der komplette Stamm fanden sich unregelmäßig und nur sehr selten zusammen. Bei diesen Gelegenheiten bemalten sie sich ihre Gesichter rot - der Farbe der Freude und des Friedens. Dann tanzten die Shoshonen ihre Tänze, den »Round Dance«, den »Bear Dance«; später nach der Ankunft der »tabbabone«, der »Aschengesichtigen« - der Weißen also -, sollten »Horse Dance« und, als Übernahme von den Prärievölkern, auch noch eine einfachere Form des »Sun Dance« dazukommen.

Die jungen Leute spielten eine Art von Kick- oder Fußball, gingen in der Nacht mit Fackeln durch und um das Camp, übten sich im Wettlaufen oder veranstalteten nach dem Auftauchen des »Riesenhundes« auch Pferderennen.

*

Sacajaweas Lemhi-Shoshonen ging es etwas besser als ihren in den trockenen, kargen Beckenlandschaften hausenden Vettern und Cousinen. Der Aufstieg der Pazifik-Lachse über den Columbia, Snake, Salmon und Lemhi River bedeutete zumindest für eine gewisse Zeitspanne eine regelrechte Fettlebe. Als Zubrot bemühten sich die Männer, die Töpfe mit dem Fleisch von Bergschafen, Wapiti-Hirschen und allerhand Kleintieren zu füllen. Die Frauen gruben Camas-Wurzeln aus, sammelten Wildfrüchte und Beeren.

Die Lemhi besaßen während Sacajaweas Kinderjahren – also Ende des 18. Jahrhunderts – bereits Pferde. Mit ihnen unternahmen sie, häufiger als andere Shoshonen, Jagd- und Kriegszüge hinab in die Ebenen. Sie operierten in kleinen Gruppen, um von ihren zahlreichen kriegerischen Feinden nicht entdeckt und gestellt zu werden. Häufig konnten sie erfolgreich mit reicher Fleisch- und Fellbeute zurückkehren, wobei vor allem letztere von den Frauen begeistert aufgenommen wurde: Statt in primitiven Grashütten konnten sie in den wesentlich komfortableren Tipis hausen.

Die Shoshonen besaßen nicht nur Reittiere, sie hatten sich auch einen Namen als geschickte und erfolgreiche Pferdehändler gemacht. Sie bezogen die Tiere von den Ute – soweit diese nicht einmal mehr das Kriegsbeil gegen sie ausgegraben hatten – und den ebenfalls handelstüchtigen Arikara. Sie verkauften ihre lebende Handelsware an die Nez Percé, die Flathead, die Salish, die Blackfoot und andere Stämme des Nordwestens.

Mit der Ankunft des weißen Mannes waren nicht nur der segenspendende Riesenhund, sondern auch vorher unbekannte Plagen wie Blattern, Tuberkulose und Geschlechtskrankheiten über die Shoshonen gekommen. Ebenso wie sie die Pferde verkauften, gaben sie auch diese Krankheiten an ihre Handelspartner weiter, mit dem bitteren Resultat, daß – Schätzungen zufolge – die Kopfzahl der betroffenen Stämme um die Hälfte reduziert wurde.

*

Im Dunkel bleiben die näheren Umstände, unter denen das Shoshonenmädchen Sacajawea einer marodierenden

Kriegerschar der Hidatsa - mitunter auch Gros Ventres, die »Dickbäuchigen«, genannt - in die Hände fiel. Das damalige Kind muß traumatische Erfahrungen durchlitten haben. Sicher ist es anfangs geschlagen, wahrscheinlich vergewaltigt worden. Die Präriekrieger betrachteten weibliche Gefangene als Beute, mit der man nach Gutdünken verfahren konnte.

Später wurde sie in den Schoß einer Familie aufgenommen und fand Eingang in eine von der Shoshonenwelt völlig verschiedene, wesentlich angenehmere, »zivilisiertere« Umgebung.

Die Hidatsa lebten kurz vor der Wende zum 19. Jahrhundert in unmittelbarer Nachbarschaft der Mandan und waren wie diese Händler, Krieger und Büffeljäger, und ihre Fleischtöpfe waren dementsprechend - fast immer - gut gefüllt. Ihre Moralvorstellungen entbehrten jeglicher Rigidität; ungezwungenes soziales Miteinander, Spiel und Spaß nahmen breiten Raum in ihrem Leben ein.

George Catlin, gemeinhin »nur« als Maler des Indianerlebens bekannt, hat mit fixierendem Blick ihre Lebensumstände, Sitten und Gebräuche beobachtet und höchst anschaulich darüber geschrieben. Vor allem die Mandan am Missouri, die unmittelbaren und dominierenden Nachbarn der auf vergleichbarem Kulturniveau lebenden Hidatsa, hatten es ihm angetan. Er bezeichnete das sogenannte »Fasanenvolk« als den kulturell höchstentwickelten Stamm der Prärien.

Die Mandan/Hidatsa waren seßhaft, lebten in eng zusammenstehenden, halb in die Erde gebauten, komfortabel-eindrucksvollen Kuppelbauten, die durch eine wehrhafte Palisadenanlage geschützt waren. Die einzelnen Häuser hatten den beachtlichen Durchmesser von zehn bis achtzehn Metern und über der zentralen Feuerstelle eine Höhe von drei bis vier Metern. Die Bewohner schliefen in regelrechten, mit Büffelhaut bespannten Betten, die durch Fellvorhänge voneinander getrennt waren, damit eine gewisse Intimität gewahrt blieb.

Catlin schreibt wörtlich: »Dieses Gemisch von Betten, aufgehängten Waffen, Pelzwerk, Kesseln, anderen Küchengeräten und geheimnisvollen Gegenständen, die vom Rauch geschwärzten Wände und die Decke, die Verbindung mit anmutigen, schwatzenden, Geschichten erzählenden, glücklichen, wenn auch ungebildeten Gruppen, die um ein freundliches Feuer lagern, reden oder zuhören, die mit ihrem Geliebten tändeln und ihre Kinder umarmen – das alles bietet dem Fremden eine der malerischsten und eigenartigsten Szenen dar, die jede Einbildungskraft überbietet.«

Catlin berichtet weiter, daß diese Menschen gerne schwatzten, Märchen erzählten, daß sie schlicht glücklich waren. Und er fügt den bemerkenswerten Satz hinzu: »Unter den Irrtümern, in die man hinsichtlich der ›Wilden‹ verfällt, ist wohl keiner allgemeiner verbreitet und zugleich keiner so leicht zu widerlegen als der, daß die Indianer verdrießliche, verschlossene und schweigsame Wesen seien. Das ist mitnichten der Fall.«

Weiter führt er aus: »Man gehe und reite an einem schönen Tag um das kleine Dorf herum und betrachte die zahllosen Spiele und Unterhaltungen, die von unaufhörlichem Freudengeschrei begleitet sind, oder man gehe in ihre Häuser und beobachte die um das Feuer versammelten Gruppen, wo Scherze und Anekdoten erzählt werden und frohes Gelächter erschallt – und man wird sich überzeugen, daß Lachen und Fröhlichkeit in ihrer Natur liegen. Sie leben in einem Land und in Gemeinschaften, wo es nicht gebräuchlich ist, mit Sorgen in die Zukunft zu blicken, und sie wissen nichts von dem Aufwand, den das Leben in der zivilisierten Welt unerläßlich macht. Ihre Neigungen und Fähigkeiten sind darauf gerichtet, den gegenwärtigen Tag zu genießen, ohne sich düsteren Betrachtungen über die Vergangenheit oder den Sorgen der Zukunft zu überlassen.«

Über die Tatsache, daß manche wohlhabende oder mächtige Männer mehrere Frauen haben, schreibt Catlin: »Die Handarbeit wird bei den ›Wilden‹ von den Frauen verrichtet. Da aber niemand für einen Lohn arbeitet, sieht sich derjenige, der zur Besorgung seines Haushalts mehr als einer Frau bedarf, genötigt, seine Arbeitskräfte durch Heirat zu vermehren.«

Doch da gab es noch einen anderen Grund, den Catlin mit aller seinerzeit gebotenen Delikatesse umschreibt: »Ein Mann, der bei seinem Volk in hohem Ansehen steht und die Macht in Händen hält, ist Versuchungen ausgesetzt, die er zu unterdrücken für unnatürlich hält, da ihm keine Gesetze und gesellschaftliche Verordnungen im Wege stehen.«

Ein armer und gewöhnlicher Indianer, so erklärt der Maler-Autor weiter, habe meist nicht mehr als eine einzige Frau. Leider werde auf die persönliche Neigung bei der Heirat oft keine Rücksicht genommen, sondern der Vater betrachte diesen Vorgang als ein Geschäft.

George Catlins Ansicht ist die eines Mannes, eines Weißen der damaligen »upper class«. Zu seiner Ehrenrettung sei gesagt, daß er relativieren konnte: »Aus diesem abgewerteten Zustand der Indianerfrauen wird man vielleicht schließen, daß unter ihnen von Liebe und Anhänglichkeit nicht die Rede sein kann. Allein, das wäre eine falsche Schlußforderung und eine Ungerechtigkeit. Die Indianer stehen uns Weißen in ehelicher, kindlicher und elterlicher Liebe in keiner Weise nach.«

Laut Catlin kämen »durchaus auch Fälle wechselseitiger Neigung« vor. Versprechungen und Gelübde würden als ebenso heilig und unverletzlich angesehen wie in der zivilisierten Welt.

Hinsichtlich Sacajaweas Schicksal ist von Bedeutung, was der Gewährsmann über die Rolle von weißen Pelzhändlern in diesem Zusammenhang berichtet. »Für die Händler ist es wichtig, sich solcherart mit einer oder mehreren einflußreichen Familien eines Stammes zu verbinden, wodurch ihr Interesse gewissermaßen mit dem der Nation verschmilzt und sie in den Stand versetzt, unter dem Einfluß ihrer indianischen Verwandtschaft ihr Geschäft vorteilhafter zu betreiben. Es können indessen nur Mädchen der angesehensten Familien auf eine solche Standeserhöhung Anspruch erheben, und die sind sehr begierig darauf. Dadurch werden sie von den Sklavenarbeiten, die bei einer Verheiratung mit einem Indianer auf sie warten, befreit. Sie können statt dessen ein bequemes, müßiges Leben führen, sich in Mäntel aus blauem und rotem Tuch kleiden, mit Bändern und anderem Flitterkram schmücken, und sie werden vom weiblichen Teil des ganzen Stammes beneidet.«

*

Über Sacajaweas »Hidatsa-Herrn«, Adoptiv-Vater oder Mann, ist nichts bekannt. Es ist möglich, daß sie bis zu ihrem Verkauf – es gibt auch Quellen, sie sei verspielt worden – an den frankokanadischen Pelzhändler Toussaint Carbonneau »durch mehrere Hände ging«. Merkwürdigerweise hat sie ihren Namen Sacajawea beibehalten, auch wenn er auf Hidsata »Bird Woman«, »Vogelfrau«, also etwas ganz anderes bedeutet als das shoshonische

»Die das Boot schiebt«. Sacajawea scheint es meist gut getroffen zu haben, sonst hätte sie wohl kaum jene angenehm-ausgeglichenen, fröhlichen, offenen und umgänglichen Charakterzüge gezeigt, die später an ihr so gerühmt wurden.

Man darf es so sehen: Ihre Gefangennahme - die näheren zweifellos bösen Begleiterscheinungen einmal außer acht gelassen - hatte, Glück im Unglück, zu deutlich verbesserten Lebensverhältnissen der jungen Frau geführt. Sie war offen genug, sich umzustellen, sich anzupassen und in eine neue Rolle zu schlüpfen.

Als sie später - ohne gefragt zu werden - heiratete, also in den »Besitz« des frankokanadischen Pelzhändlers Toussaint Carbonneau überwechselte, bedeutete das einen weiteren Aufstieg auf der sozialen Stufenleiter. Eine glückliche Fügung des Schicksals, auf die viele junge Indianerinnen begierig warteten, bedeutete dieser Schritt doch eine gesicherte Versorgung, manch hübsches Geschenk, modische Kleidung, meist bessere Behandlung und nur einen Bruchteil der Strapazen und Arbeit, die die meisten der übrigen Prärieblumen so früh welken ließen. Obwohl Carbonneau nach indianischen Begriffen mit seinen knapp 50 Jahren bereits ein uralter Mann, obendrein ein Frauenheld und rechter Schwerenöter war, empfand Sacajawea diese »marriage à la façon du pays« sicher ebenfalls als Glücksfall. Es mag sie auch nicht sonderlich gestört haben, ihren Gatten mit zwei oder gar drei weiteren, ebenfalls sehr jungen Frauen teilen zu müssen.

Carbonneau besaß die Eigenart, immer wieder junge Indianerinnen in seinen Hausstand aufzunehmen und mit einem ganzen Harem zusammenzuleben - ein Verhalten, das die Indianer mit einem gewissen Amusement betrachteten und ihn mit einer Reihe von Spitznamen bedachten, wie »Häuptling des kleinen Dorfes«, »Von weither gekommener Hengst« oder auch »Der unermüdliche, haarige Waldbär«.

Wie in vielen ähnlichen Fällen wurden die jungen Frauen Carbonneaus wohl rasch zu Freundinnen, verteilten sich doch so auch die Lasten des Ehestandes auf mehrere Schultern. Sicher hatte die eine oder andere einen heimlichen Liebhaber in dem ihr entsprechenden Alter, was nicht ungewöhnlich und auch folgenlos war, solange es mit dem schweigenden Einverständnis des »offiziellen« Ehemannes geschah.

Wie alles auf der Welt, kann man auch die Polygamie positiv oder negativ sehen. Sacajawea scheint jedenfalls eine der glücklichen Charaktere gewesen zu sein, die die neuen Verhältnisse nicht bejammern und beklagen, sondern das Aufregende, Neue und Vorteilhafte sehen, die die angenehmen Seiten genießen und – »happy go lucky«, wie die Amerikaner sagen – das Beste daraus machen.

*

Die junge Frau wäre aller Voraussicht nach weitgehend unbekannt und von der niedergeschriebenen Geschichte unbeachtet geblieben. Doch kurz nach ihrer »Verheiratung« mit Carbonneau richtete im Spätherbst des Jahres 1804 eine Expeditionsmannschaft in der Nähe ihres jetzt heimatlichen Dorfes ihr Winterquartier ein.

Das Unternehmen war vom damaligen US-Präsidenten Thomas Jefferson höchstpersönlich angeordnet worden; seine Anweisung lautete kurz und bündig: »Der Gegenstand der Mission ist die Erkundung des Missouri River, seines Verlaufs und seiner Verbindung mit den

Gewässern des Pazifik, die möglicherweise einen direkten und brauchbaren Wasserweg durch den Kontinent gewährleisten.«

Vorausgegangen war der Verkauf des sogenannten »Louisiana«, jener gewaltigen, unbekannten Landmasse zwischen Mississippi und Pazifik, durch Napoleon I. von Frankreich, die mit einigen Federstrichen und 15 Millionen Dollar für die leere Kriegskasse des Franzosen-Kaisers die Landfläche der damaligen USA praktisch verdoppelte. Es war ein Riesenschacher, bei dem weder der Verkäufer noch der Käufer die geringste Idee hatte, wie dieses Land überhaupt aussah, was und wer sein »Inhalt« war. Daß dort Menschen, Eingeborene, Indianer lebten, das wußte man; um ihre Rechte jedoch, als die angestammten Herren dieser gewaltigen Region, scherte sich keiner der Vertragspartner.

Davon einmal abgesehen, war das »Corps of Discovery«, die Expeditionstruppe, eine vergleichsweise beeindruckende, gut ausgerüstete und disziplinierte Mannschaft, die in der Nähe von St. Louis zusammengestellt worden war. Ihr gehörten handverlesene Männer an, darunter junge Kentucky-Grenzer, Soldaten, französische Bootsleute, ein Jäger für die Fleischversorgung unterwegs, ein schwarzer Diener namens York für die beiden Expeditionsführer Captain Meriwether Lewis (30), des Präsidenten persönlicher Sekretär, und Captain William Clark (34), dem Bruder des Generals George Rogers Clark, des berühmten Revolutionshelden und großen Gegenspielers des Shawnee Tecumseh. Nicht zu vergessen ein Vierbeiner: Scannon, der schwarze, massige, zentnerschwere Neufundländer, der Lewis gehörte.

Neben den üblichen Waffen – darunter spezielle kurzläufige Musketen, Vogelflinten, Pistolen, Messer, Äxte und Piken –, neben der Munition, der Verpflegung und übrigen Ausrüstung wurden reichlich Geschenke mitgeführt für die »wilden« Indianerstämme, die man unterwegs antreffen würde. Darunter befanden sich dekorative Gehröcke, Medaillen, Fahnen, Messer, Beile, billiger Schmuck, Spiegel, Taschentücher, Farbschminke und vor allem »beads« – bunte Glasperlen zum Besticken der indianischen Lederkleidung.

Man war der Ansicht, dem Missouri ein paar tausend Meilen stromauf folgen zu können, dann einen Paß zu finden zum Überwinden der Felsbarriere der Rocky Mountains. Danach brauchte man in der Vorstellung der Verantwortlichen nur noch einen Wasserweg auszukundschaften, der die Expedition zum Stillen Ozean führen würde.

*

Die Route den Missouri aufwärts bis zum vorgesehenen Winterquartier in der Nähe der Mandan- und Hidatsa-Dörfer im heutigen North Dakota war klar und längst von Pelzhändlern ausgekundschaftet worden.

Am 27. Oktober 1804 landeten Lewis und Clark mit ihrer Crew rund 60 Meilen stromauf vom heutigen Bismarck in der Nähe der Mandan- und Hidsata-Dörfer. Sie begannen in militärischer Disziplin mit der Einrichtung des Winterlagers. Anfang November erschienen die Dolmetscher, um ihre Dienste anzubieten. Einer der beiden Sprachkundigen war der bereits erwähnte Frankokanadier Toussaint Carbonneau. Der Pelzhändler konnte sich in einer Reihe von indianischen Sprachen und Dialekten verständigen, und wo das nicht ausreichen sollte, würde die im Westen allgemein gültige Zeichensprache weiterhelfen. In der Begleitung des Pelzhändlers befand sich dessen blutjunge, schwangere Frau Sacajawea.

Die Indianer verfolgten den Bau des Forts der Weißen mit großäugigem und gemischtem Interesse. Zur eindrucksvollen, mit mächtigen Böllerschüssen angekündigten »Christmas Party« wurden sie zwar nicht eingeladen, kamen aber dennoch auf ihre Kosten. Der Diener York unterhielt sie mit seinen Späßen und der Demonstration riesiger Körperkräfte. Einen schwarzen, kraushaarigen Mann hatte man ohnehin noch nie gesehen. Noch mehr staunten die Mandan und Hidatsa, als ein paar beherzten jungen Rothäuten der vergebliche Versuch gestattet wurde, die schwarze »Farbe« von der Haut des Mannes abzurubbeln. Es war ein Ereignis, über das noch lange in den Dörfern am Missouri gesprochen wurde.

Die einzigen beim Weihnachtsfest anwesenden Indianer waren die Frauen der beiden künftigen Dolmetscher: eine davon Sacajawea. Bereits zu diesem Zeitpunkt hatte man in Erwägung gezogen, daß sie ihren Mann auf der Reise ins Unbekannte begleiten sollte. Die Weißen waren zwar skeptisch hinsichtlich ihres Zustandes, doch man würde sehen ...

Lewis und Clark mochten zuvor zur Einsicht gekommen sein, daß die Anwesenheit einer Frau den friedlichen Charakter der Expedition den Eingeborenen gegenüber unterstreichen werde. Der Hauptgrund war aber wohl ihre Hoffnung auf die linguistische Hilfe der Shoshonen-Frau, wenn die Expedition die Jagdgründe ihres Volkes durchquerte - der gefürchteten Snakes, die offenbar eine Schlüsselposition auf der geplanten Route besetzt hielten. Nach allen verfügbaren Berichten war klargeworden, daß es keinen halbwegs passablen Wasserweg zum und vom Paß und erst recht keine direkte Bootsroute zum Pazifik geben würde. Die beiden Leiter der Expedition sahen zu Recht voraus, daß ihnen eine äußerst schwierige Gebirgsstrecke bevorstand, die sie auf dem Landweg zurücklegen mußten. Dazu brauchten sie Pferde als Trage- beziehungsweise Reittiere, und außerdem dürfte diese Zeitspanne die kritischste Phase des Unternehmens werden. Die Mannschaft würde weit auseinandergezogen und damit höchst verwundbar sein.

*

Als sich für Sacajawea die Möglichkeit auftat, an der Seite ihres Mannes als einzige Frau unter all den bärtigen weißen »Aschengesichtigen« an der Expedition ins Ungewisse teilnehmen zu können oder zu dürfen, wird sie diesen Umstand als neuerlichen Glücksfall empfunden und begierig zugegriffen haben. Noch entscheidender wurde sie dadurch aus der Masse ihrer indianischen Schwestern herausgehoben. Aber auch die Verheißung, ihre einstige Heimat, die Verwandten, Freunde und Bekannten ihrer Kindheit wiederzusehen, mag sie mit großer Erwartung und Vorfreude erfüllt haben. Das Abenteuer einer Reise ins Unbekannte war verlockend; die zu erwartenden Strapazen, Entbehrungen und Gefahren nahm sie als unumgängliche Begleitumstände hin. Die große Reise war die Wiederaufnahme des vertrauten Nomadenlebens der Shoshonen ihrer frühen Jugend.

Doch zuvor – sie war erst siebzehn und von schmächtiger Gestalt – mußte sie ihr erstes Kind zur Welt bringen. Die Befürchtungen der Männer sollten sich bewahrheiten: Die Geburt verlief überaus schwierig. Bei alledem standen die bärtigen weißen Kerle scheu und hilflos herum, nur die Frau eines zweiten Dolmetschers leistete

Sacajawea in ihrer bislang schwersten und schönsten Stunde schwesterlichen Beistand.

Der Sohn erhielt den Namen Jean-Baptiste nach dem frankokanadischen Nationalheiligen Johannes der Täufer, wurde aber bald »Pomp« gerufen. Die zerbrechlich wirkende, blutjunge Indianerin erholte sich schnell.

*

Die Expeditionsflotte startete am 7. April 1805: ein halbes Dutzend Birkenrinden-Kanus und zwei »Pirogen« genannte, lange und schmale Flußboote. Die Männer segelten, ruderten, paddelten oder stakten die Boote stromauf.

Es war für Sacajawea eine Selbstverständlichkeit, daß sie ihren erst einige Wochen alten Sohn ins hölzerne Wiegenbrett bündelte und sich das »Papoose« auf den Rücken packte. Es ergab sich ebenfalls als Selbstverständlichkeit, daß die Indianerin mit einem der beiden Chefs der Expedition, meist mit Clark und kleiner Begleitung, über Land ging, während sich das Gros der Männer mit den hochbeladenen Booten stromauf quälte. Ihrem Shoshoni-Namen »Boat Pusher« konnte sie soweit keine Ehre machen.

Die Fußmärsche durch die weglose Wildnis, entlang der Flußufer, waren sicher alles andere als ein Zuckerlekken, doch schienen die Mühen Sacajawea nicht das Geringste auszumachen. Oftmals mag der eine oder andere der Männer seine Müdigkeit und den Wunsch, aufzugeben, nur mit Mühe unterdrückt haben; mancher Fluch mag ihm im Halse steckengeblieben sein angesichts der fröhlich, behend, scheinbar unbeschwert und leichtfüßig daherschreitenden jungen, roten Fee.

Manchmal waren es 15, manchmal 20 Meilen, die die beiden Expeditionsleiter als Tagesleistung verbuchen

Sacajawea

konnten. Am 9. April bezeugt eine Tagebucheintragung, daß Sacajawea einen von Packratten zusammengetragenen Vorrat von wilden Artischocken ausfindig gemacht hatte. Als das Gemüse nach der eintönigen Fleischnahrung den Männern zur Abwechslung gut schmeckte und entsprechenden Anklang fand, wurde die junge Frau mit der Suche nach weiterem »Grünzeug« beauftragt.

Es blieb bei der gängigen Routine, daß Clark, ein paar der Männer und Sacajawea zu Fuß gingen, während Lewis den Vormarsch auf dem Fluß beaufsichtigte. Toussaint Carbonneau befand sich ebenfalls auf den Booten.

Am 14. Mai 1805 passierte die Expedition die Einmündung des Yellowstone River. Man feierte das Ereignis mit einer Extraration Rum für die Männer, während der Frankokanadier Cruzatte mit seiner Fiedel aufspielte.

Kurz danach gab es die ersten Zwischenfälle: Die über Land marschierende Gruppe hatte einen Grizzly aufgeschreckt. Ein halbes Dutzend Männer, allesamt gute Schützen, kreisten das mächtige Tier ein und eröffneten das Feuer. Doch der Bär schien kugelfest zu sein und verfolgte vier seiner Peiniger, die keinen anderen Ausweg sahen, als sich über eine Klippe in den Missouri zu stürzen. Das verwundete Tier warf sich ebenfalls ins Wasser, wo es dann endlich durch einige besser gezielte Schüsse zur Strecke gebracht wurde.

Auch die Bootsflotille kam nicht ungeschoren davon. Ein plötzlicher Fallwind drohte eine der Pirogen, mit Carbonneau am Steuer, auf die Seite zu legen. Der Frankokanadier - der nicht schwimmen konnte - rief in kopfloser Panik Gott und alle Heiligen um Hilfe an, statt mit dem Ruder gegenzuhalten. Der Fiedler Cruzatte brüllte, er werde Carbonneau auf der Stelle erschießen, wenn dieser nicht auf seinem Posten bliebe und das drohende

Kentern verhindere. Nur Sacajawea, ausnahmsweise ebenfalls an Bord, behielt die Nerven und fischte kaltblütig alles wieder auf, was zuvor über Bord gegangen war und an ihr vorbeitrieb. Die Verluste hielten sich in Grenzen; das Boot lief im flachen Wasser des Ufers auf und konnte ausgelenzt werden.

Sacajawea wurde für ihre Umsicht nicht nur mit einer lobenden Erwähnung im Tagebuch bedacht, sondern eine Woche nach dem Vorfall auch förmlich gewürdigt, als Lewis und Clark sich darauf einigten, einen seitlich einmündenden Fluß nach ihr zu benennen. Leider verhielten sich die kommenden Generationen - wohl in Unkenntnis um Sacajaweas Verdienste - recht ungalant und nannten das Gewässer »Crooked Creek«, den »Gewundenen Bach«.

*

Inzwischen sahen sie mehrfach die Fußabdrücke von Indianern, doch nicht die Rothäute selbst. Als sie einen alten, abgetragenen und von seinem Besitzer weggeworfenen Mokassin fanden, konnte Sacajawea den Männern eindeutig erklären, daß Schnittmuster und Dekoration der Fußbekleidung nicht der Tradition der Shoshonen entsprächen.

Das nächste bemerkenswerte Ereignis war die Entdeckung eines frischen »buffalo jump«, eines »Büffelsprungs« - eine steilabfallende Klippe, vor der eine Meute jagender Rothäute kurz zuvor eine Herde der Urrinder in Panik versetzt und in den Tod getrieben hatte. Clark zählte über hundert Kadaver und einige Dutzend Wölfe, die sich an ihnen mehr als nur gütlich getan hatten. Sie waren so vollgefressen und apathisch, daß Clark einen von ihnen mit seiner Pik-Axt töten konnte.

Auch der Hund Scannon stellte seine Nützlichkeit unter Beweis, als er eine schwimmende Antilope erfolgreich verfolgte, tötete und seinem Herrn apportierte. Seinen Meister fand er jedoch in einem relativ kleinen Biber. Der scharfzähnige Nager erwies sich als so bissig und so wehrhaft, daß Scannon, aus mehreren Wunden blutend, von ihm abließ.

*

Am 3. Juni 1805 standen sie vor der Frage, ob sie in den großen, von Norden her einmündenden Fluß einbiegen oder dem eigentlichen Missouri folgen sollten. Lewis und Clark beschlossen, beide Routen zu erkunden und dem Gros ihrer Mannschaft eine längst verdiente und dringend erforderliche Ruhepause zu gönnen. Die Männer waren erschöpft, von unvorstellbar dichten Moskitoschwärmen bis aufs Blut gepeinigt und ständig von Schlangenbissen bedroht. Viele waren krank; unter ihnen auch Clark und Sacajawea. Clark, der als Laie über bemerkenswerte medizinische Kenntnisse verfügte, kurierte die junge Indianerin und sich selbst mit einem aus der Rinde von Tollkirschen gebrauten Sud. Lewis blieb zwar gesund, kam aber trotzdem um ein Haar ums Leben, als ihm in letzter Sekunde die Flucht vor den Fängen eines aufgebrachten Grizzly in den Missouri glückte.

Als sie in einem Wolkenbruch und Hagelsturm einem Bachlauf folgten, rettete der eben genesene Clark die schmächtige Indianerin samt ihrem Sohn aus der tosenden Strömung. Eine sich überraschend aufbauende Flutwelle hatte die beiden mitgerissen und drohte sie fortzuschwemmen.

Sacajawea und William Clark

Nach neuntägiger Rast und der Auswertung von den Ergebnissen der Erkundungskommandos beschlossen sie, dem eigentlichen Missouri zu folgen, auch wenn die »Great Falls«, von denen die Indianer gesprochen hatten, ihnen ein schweres Hindernis in den Weg legen würden. Die Befürchtung erwies sich als stichhaltig: Die 18 Meilen lange »Portage«, der Trageweg über schwierigstes, ungebahntes Terrain, erwies sich als unsägliche, knochenbrechende Tortur. Erst nach zehn vollen Tagen glitten die Kanus in das ruhigere Wasser oberhalb der Fälle.

Sacajawea wurde unruhig und konnte ihre Vorfreude kaum noch zurückhalten: Sie erinnerte sich an Zeichen und Landmarken. Nicht mehr lange – und die Expedition würde die Grenzen ihrer einstigen Heimat erreichen. Aber noch kostete es schier übermenschliche Kraft und Ausdauer, gegen die scharfe Strömung auf dem reißenden Fluß vorwärtszukommen. Die physischen Strapazen waren mörderisch, noch erhöht durch eine unvorstellbare, die Bootsleute bis aufs Blut peinigende Moskitoplage.

Am 25. Juni standen sie einmal mehr am Scheidewege, am Zusammenfluß der drei Quellflüsse des Missouri. Auch Sacajawea wußte nicht weiter. Sie kannte das Land aus der Perspektive des Pferderückens und wußte, daß sie sich auf dem rechten Weg befanden – doch welches der drei Gewässer das »richtige« war, entzog sich auch ihrer Kenntnis.

Es half nichts, sie mußten einmal mehr die Route durch langwierige Fußmärsche erkunden. Lewis und Clark hofften, der aus dem Südwesten heranströmende Fluß werde ihnen den weiteren Weg öffnen. Sie benannten ihn beschwörend nach ihrem Auftraggeber, dem Präsidenten: Jefferson River.

Die Route erwies sich als richtig – bis sich auch der Jefferson gabelte. Doch jetzt tauchte vor Sacajaweas Augen immer öfter Vertrautes auf: Felsformationen, Baumgruppen, Bäche ... Nach ihren Anhaltspunkten bestand nicht mehr der geringste Zweifel: Die Expedition hatte die Jagdgründe der Shoshonen erreicht.

Auch dieser Quellfluß des Missouri war inzwischen zu einem reißenden Wildbach geworden, der ein weiteres Fortkommen zu Wasser unmöglich machte. Ab hier würden sie Pferde brauchen, Pack- und Reitpferde, um das Gebirge zu überwinden, um die Flüsse zu finden, die jenseits der Wasserscheide nach Westen fließen und den Weg zum Pazifik ebnen würden.

*

Als Lewis zur Abwechslung einmal allein die Gegend erkundete, sah er sich plötzlich einer Rothaut hoch zu Roß gegenüber. Der Krieger war mit Pfeil und Bogen bewaffnet und offenbar angesichts der bärtig-fremdartigen Gestalt ebenso nervös wie Lewis selbst. Der faßte sich als erster und versuchte, über die Distanz hinweg mit Zeichensprache den Indianer von seinen friedlichen Absichten zu überzeugen. Doch der Krieger ging auf Nummer sicher – warf sein Pferd herum und verschwand hinter einem dichten Gebüsch.

Hätte ihn der Weiße verfolgt, hätte der Weg ihn akkurat zum später so benannten Lemhi-Paß geführt, zur Wasserscheide zwischen Atlantik und Pazifik. Doch wie sollte Lewis das ahnen ...

Er schreibt später: »Ich habe riesige Ketten hochtürmender, noch schneebedeckter Berge im Westen gesehen. Doch dann stieg ich einen steilen Abhang hinab und traf auf einen hübschen, kalten, klaren Bach. Ich trank und kostete erstmals das Quellwasser des Columbia River.«

Inzwischen war Lewis' kleine Begleitmannschaft herangekommen. Clark würde mit Sacajawea und dem Gros der Expeditionstruppe ebenfalls bald aufschließen, hoffte man.

Die Vorhut folgte einem Trail, kreuzte einen anderen Bach, ebenfalls einen Zufluß des Lemhi River. In weiter Entfernung erspähten die Männer einen Indianer, zwei Frauen und mehrere Hunde. Doch auch diese Rothäute waren vorsichtig und verschwanden rasch von der Bildfläche.

Die Begegnungen mit den Eingeborenen häuften sich: Die Weißen überraschten diesmal zwei Frauen und ein kleines Mädchen. Die jüngere der Frauen flüchtete, die Alte und das Mädchen sahen keine Möglichkeit zu entkommen. Sie blieben mit gebeugtem Kopf hocken und erwarteten den offenbar sicheren Tod. Lewis versuchte, die beiden von seiner Friedfertigkeit zu überzeugen, überreichte ihnen kleine Geschenke und verdeutlichte ihnen seine Bitte, die junge Frau zurückzurufen. Überrascht über soviel unerwartete Großzügigkeit kamen die beiden der Aufforderung nach; vorsichtig zögernd kam auch die junge Frau zurück. Lewis bemalte die Wangen der drei mit roter Farbe, was sie von der wohlmeinenden Absicht des aschengesichtigen Mannes überzeugte: Wie schon erwähnt, ist Rot bei den Shoshonen die Farbe der Freude, des Friedens und der Freundschaft.

Die Frauen führten die Weißen zu ihrem Lager, wo diese sich plötzlich rund 60 bewaffneten und berittenen Kriegern gegenübersahen. Doch die Frauen überzeugten ihre Stammesbrüder von der friedlichen Haltung der bärtigen Männer. Man bemalte sich gegenseitig mit roter Farbe und rauchte gemeinsam die Friedenspfeife.

Lewis verteilte Geschenke. Aus dem folgenden Palaver glaubte er herauszuhören, daß weder der Lemhi noch der nächstgrößere, ihn aufnehmende Fluß, der Salmon River, mit Kanus zu befahren sei. Die vorausgesehene Lösung war der Erwerb von Pferden, um den Rest der Wasserscheide zu überwinden und sich zum nächsten befahrbaren Fluß, dem Clearwater, durchzuschlagen.

Aber erst mußte Lewis mit seinen wenigen Leuten abwarten, bis Clark mit seiner Gruppe heran war - zur zusätzlichen Sicherheit sowie zur leichteren Verständigung dank Sacajawea.

Als es endlich soweit war, beschreibt Clark das Wiedersehen Sacajaweas mit ihrem Volk: »Ich sah aus der Entfernung, wie sich mehrere Indianer in meiner Richtung näherten. Der Dolmetscher Carbonneau wie auch seine Frau führten einen Freudentanz auf und gaben mir zu verstehen, das sei ihr Volk. Dann sah ich einen Mann aus Lewis' Gruppe, der bereits Shoshonen-Kleidung trug. Das war ein gutes Zeichen.«

Sacajawea wurde ihrer Rolle als Vermittlerin in der folgenden »Konferenz« mehr als nur gerecht. Es sollte nicht lange dauern, und ihre Augen weiteten sich in ungläubigem Erstaunen, in ihren Gesichtszügen spiegelte sich Freude und Glück: Der Häuptling Cameahweit war niemand anderes als ihr leiblicher Bruder! Sacajawea sprang auf, lief auf ihn zu, warf ihre Decke über ihn, umarmte und küßte ihn und weinte vor Freude. Auch der Häuptling hatte große Mühe, seine Rührung und Überraschung zu verbergen und Haltung zu bewahren.

Nachdem der Gefühlsausbruch halbwegs abgeklungen war, versuchte Sacajawea, weiter zu dolmetschen und zu vermitteln. Doch immer wieder überwältigte sie die Wiedersehensfreude, und ihre Worte wurden von dem Strom der Glückstränen erstickt.

Endlich kam man zur Sache, zu dem für die Expedition entscheidenden Pferdehandel. Die Verhandlungen gestalteten sich schwierig. Die Shoshonen besaßen zwar mehrere hundert gute Ponys, doch sie wollten sie nur gegen Gewehre, Munition und andere wichtige Gebrauchsgüter eintauschen, die die Weißen wiederum nur zum eigenen Bedarf mit sich führten. Dank Sacajawea kam trotzdem keine feindselige Stimmung auf, sondern wurde ein Kompromiß gefunden.

In einem der Tagebücher ist lakonisch verzeichnet: »Wir kauften drei Pferde. Die Indianer brachten weitere Tiere herbei, um unsere Sachen zu tragen. Dann machten wir uns daran, nach Bäumen Ausschau zu halten, aus denen wir Kanus bauen konnten.«

Trotz ihrer tiefen Bewegung und freudigen Ergriffenheit blieb Sacajawea nicht bei ihrem einstigen Volk. Niemand hätte sie an dieser Entscheidung hindern können. Eine Reihe ihrer Verwandten war zwischenzeitlich gestorben, doch hatte sie ihren Bruder wiedergetroffen, das seinerzeit mit ihr gefangengenommene und später entkommene Mädchen, einen Neffen sowie weitere Jugendfreunde und entferntere Verwandte. Ein ihr unbekannter Krieger machte sogar geltend, sie sei ihm seinerzeit zur Frau versprochen worden. Nach langen, spannenden Augenblicken erklärte der Mann schließlich seinen Verzicht nach der Eröffnung, Sacajawea habe inzwischen Carbonneau »geheiratet« und mit ihm einen Sohn. Die Shoshonin selbst überlegte keinen Augenblick und zog ohne Zögern mit den Weißen weiter.

*

Sie schlugen sich zum Clearwater River durch, hofften, den Fluß bis zum Snake hinunterzudriften und über den mächtigen Columbia River ihr Ziel, den Pazifik, zu erreichen. Die Trichtermündung des großen Stromes war 1791 von der Seeseite her von dem Yankee Robert Gray entdeckt worden; ihre geographische Position war bekannt. Zuerst jedoch mußten sie wieder Kanus beziehungsweise Einbäume bauen, die sie nach Art der Indianer erst sorgsam mit Feuer, darauf mit ihren Äxten aushöhlten.

Anfangs verlief die Flußfahrt reibungslos, doch bald wurden die Einbäume in den wilden Stromschnellen und turbulenten, gefährlichen Kaskaden des wasserreichen Snake River schlimmer gebeutelt als ein Rodeoreiter auf seinem Bronco. Die Bootsleute hatten alle Mühe, ihre Köpfe über Wasser zu halten.

Nur hin und wieder während ihrer rasanten Reise sahen die Weißen Indianer, von denen die meisten angesichts der aus dem Nirgendwo auftauchenden Bootsflotille mit allen Anzeichen des Entsetzens flohen. Die wenigen Unerschrockenen verhielten sich recht freundlich, nachdem sie Sacajawea und den kleinen Pomp erblickt hatten. Mutter und Kind wurden der Rolle als lebendes Friedenssymbol gerecht.

Die Flußfahrer sahen kaum noch Pferde am Ufer. Wie sie selbst nutzten diese Eingeborenen ausgehöhlte Baumstämme oder Einbäume als Transportmittel. Die wichtigste Nahrungsquelle der Flußindianer waren die Lachse, die in unglaublich dichten Schwärmen zu den Laichplätzen zogen.

Der Snake River, der Schlangenfluß, sorgte weiter für Gefahren, für bedrohliche Zwischenfälle und kritische Situationen. Mehr als einmal mußten die Bootsleute nach einer Kenterung verzweifelt um ihr Leben schwimmen und Kopf und Kragen riskieren, um ihr Fahrzeug und dessen Ladung wieder aus den tobenden Wassermassen zu bergen.

Am 17. Oktober 1805 erreichte die Expedition die Mündung des Snake in den Columbia River. Mit ihm befuhren Lewis und Clark und ihre Crew einen der mächtigsten, einst wildesten Ströme Nordamerikas. Die Risiken und Gefahren potenzierten sich in dessen gewaltigen, schäumenden Katarakten, den Wirbeln und Strudeln, in den entfesselten Gewalten des Urelementes Wasser. Mehr als nur einmal kamen sie mit knapper Not mit dem Leben davon.

Die Lebensmittel wurden knapp. Aus unverständlichen Gründen wollten die an den Ufern fischenden Indianer den Weißen keine Lachse verkaufen... und boten statt dessen Hunde als Fleischration an. Die Männer zögerten. Für die meisten war es eine abartige, besonders verwerfliche Variante von »Kannibalismus«, die besten Freunde des Menschen zu verspeisen. Doch der Hunger zwang sie dazu - selbstverständlich blieb Scannon ausgespart.

Einige der Indianer am Columbia besaßen wenige, von Weißen stammende Waffen, Werkzeuge, Küchengeräte und Stoffe, die auf verschlungenen Handelspfaden den Weg hierher gefunden hatten. Hin und wieder sprach der eine oder andere sogar einige Brocken Englisch. Später trafen sie einen sommersprossigen, rothaarigen Jungen und eine Rothaut, die stolz den eintätowierten Namen »J. Bowman« auf seinem Oberarm präsentierte.

Clark beschreibt die Kleidung der Frauen der Flußindianer: »Der eigentliche Körper ist in der kalten Witterung durch eine Art von Fellkorsett geschützt; es ist merkwürdig gerafft und reicht nur von den Armen bis zur

Hüfte. Dazu kommt eine Art Petticoat aus zu schmalen Streifen aufgefächertem Zedernbast. Er ist zu einem Netzwerk verwebt und in der Mitte zusammengebunden. Vorne hängt der Bast bis auf die Knie hinunter und hinten bis zur Mitte des Oberschenkels. Soweit sich die Frauen in einer aufrechten Haltung befinden, ist das Material dicht und dick genug, um dezent zu wirken. Doch in jeder anderen Haltung ist das nicht der Fall.«

*

Inzwischen mehrten sich die Anzeichen, daß sie sich der Küste näherten. Endlich – am 8. November 1805 – hoben und senkten sich die Boote in der einrollenden Meeresdünung, dehnte sich eine unübersehbare Wasserfläche vor ihren Augen: der Pazifik! Das Ziel war erreicht. Ab St. Louis hatten sie eine Strecke von rund 4 000 Meilen zurückgelegt und bis hierhin nur einen einzigen Mann und den nur durch Krankheit verloren. Lewis und Clark konnten zu Recht stolz auf ihre Leistung sein. Sie verhehlten nicht, daß Sacajawea dazu einen wichtigen Beitrag geleistet hatte.

Sie hatten ihre Aufgabe erfüllt und hätten mit einem Segler rund um Kap Hoorn an die amerikanische Ostküste zurückkehren können. Für Präsident Jefferson wäre es ein leichtes gewesen, eine Fregatte zum Columbia zu beordern und für eine problemlose Rückkehr der Entdecker zu sorgen. Doch die höhere Diplomatie hatte dagegen entschieden: Die USA wollten die bis hinauf an die Küste des heutigen Oregon operierenden Spanier, die seinerzeit den Südwesten der heutigen USA als ihre Kolonie ansahen, nicht unnötig provozieren. Also überließen die verantwortlichen Politiker und ihre Bürokraten es dem Erfindungsreichtum und der Initiative von Lewis und Clark, den Winter zu überleben und danach über Land zurückzukehren. Es ankerte zwar zufällig ein Segler in der Columbia-Mündung. Da diese im Herbst und Winter meist nebelverhangen ist, sah und wußte keiner etwas vom anderen.

Die Kälte in dem von ihnen als Quartier erbauten »Fort Clatsop« hielt sich zwar in erträglichen Grenzen, doch nicht die Feuchtigkeit. Aus den Aufzeichnungen von Captain Clark geht hervor, daß zwischen dem 5. November 1805 und dem 25. März 1806 nur sechs Sonnentage registriert wurden. Auch die Nahrungsbeschaffung erwies sich als problematisch.

Sacajawea beklagte sich bitterlich, daß sie nicht noch einmal den Ozean sehen durfte und auch nicht den toten, an den Strand geschwemmten Wal, von dem die ortsansässigen Indianer berichtet hatten. Als Clark endlich nachgab und die junge Frau mitnahm, war nur noch das Skelett des riesigen Tieres übriggeblieben: Die Küstenbewohner hatten sich nach Kräften bedient, den Rest hatten tierische Aasfresser vertilgt. Clarks Hoffnung, etwas von dem übelschmeckenden, aber nahrhaften Blubber in die Verpflegung miteinzubeziehen, hatte sich als trügerisch erwiesen.

Mit allen Mitteln opponierte Sacajawea danach gegen den Versuch, auf Seehundsjagd zu gehen und so die prekäre Ernährungssituation in den Griff zu bekommen. Sie behauptete, diese Meeressäuger seien eine fremdartige, im Wasser lebende Menschenrasse. Doch bei ihrem Versuch, mit den »Freunden« zu reden, glitten diese ins Wasser und verschwanden. Zur großen Erleichterung der jungen Frau blieb die Jagd auf die Pazifik-Robben ergebnislos.

Immer wieder tauchten junge Indianerinnen auf, um »den Männern ihre Gunst zu verkaufen«, wie es im Bericht notiert wird. Lewis und Clark setzten alles daran, zu enge zwischenmenschliche Kontakte zu verhindern - es war bekannt, daß die von weißen Seeleuten und Händlern eingeschleppte Syphilis unter den Pazifikstämmen weit verbreitet war. Als einziges Mittel gegen die üble Krankheit verfügte Clark über einen kleinen Vorrat an Quecksilber, aber wahrscheinlich machte eine Kur mit dieser »Medizin« alles noch schlimmer.

Auch die häufigen Ständchen des Fiedlers Cruzatte reichten den jungen, meist untätig herumhängenden Männern nicht mehr zur Unterhaltung. Clark mußte die Quecksilber-Roßkur öfters anwenden, als ihm lieb war und den Teufel gewissermaßen mit dem Belzebub auszutreiben versuchen.

Als sich endlich das Frühjahr ankündigte, verschwand das Wild aus der Umgebung. Die Jäger mußten immer größere Entfernungen zurücklegen, und trotzdem schwanden Vorräte und Rationen wie der Schnee. Scannon mußte zwar nicht um sein Leben fürchten, fand sich jedoch manch begehrlichem Blick ausgesetzt. Sacajawea hatte für ihren kleinen Pomp ein letztes Stück Brot aus echtem Weizenmehl aufgehoben. Sie gab es Captain Clark, als sie dessen Hunger bemerkte. »Ich aß es mit dem größten Vergnügen, obwohl es naß geworden war«, steht in seinem Tagebuch.

Zum bösen Schluß gingen auch noch die Tabakvorräte zur Neige. Sacajawea zeigte den Männern, wie man aus Baumbast und Kinickkinnick (Weidenrinde) einen Ersatz herstellt - doch der war höchst unzulänglich. Alle hofften inständig, eines schönen Tages würde doch noch ein Segler seine Leinwand entfalten und sie in ihre

Heimat zurückbringen. Alle wußten, welche Strapazen, Gefahren, Mühen und Nöte der Rückweg über Land für sie bereithielt...

Die Hoffnung auf das Schiff sollte sich als vergeblich erweisen. Zwar ankerte im Spätwinter 1806 die Yankee-Brigg »Lydia« in der Flußmündung, doch wie zuvor entzog der Nebel das Schiff den Blicken der Männer. Umgekehrt wußte auch die Besatzung der »Lydia« nichts von der Existenz des »Fort Clatsop« und dessen Bewohnern.

Am 22. März übergaben Lewis und Clark schweren Herzens dem in der Umgebung ansässigen Häuptling Coboway das »Fort«. Mit hungrigen Mägen traten die Männer, Sacajawea und Pomp den beschwerlichen Rückweg über Land an.

*

Das Eintauschen von Lebensmitteln bei den Indianern gestaltete sich immer schwieriger. Geld war diesen Rothäuten unbekannt; die aus dem Osten mitgebrachten Geschenke und Tauschwaren gingen zur Neige. Hinzu kam, daß die Indianer alles klauten, was nicht niet-und nagelfest war. Sie kidnappten - besser dognappten - sogar Scannon, wohl um den gewichtigen Neufundländer als besonders reichhaltigen Sonntagsbraten zu verzehren. Lewis marschierte jedoch sofort mit ein paar entschlossenen Männern ins Camp der Entführer und bewahrte das treue Tier vor einem gräßlichen Schicksal. Künftighin stand Scannon unter der Obhut eines speziellen »Body Guard«.

Je näher sie den Bergen kamen, desto dringlicher wurde es, die Boote wieder gegen Pferde zum Überwinden der Wasserscheide einzutauschen. Sie quälten sich weiter – bis zu dem Punkt, da die reißende Strömung auch den Anstrengungen der kräftigsten Männer hohnlachte. Schluß – nichts ging mehr!

Glücklicherweise hatte sich unter den Rothäuten herumgesprochen, welch effektiver Medizinmann in der Person des Captain Clark zur Verfügung stand. Sie kamen in Scharen und ließen sich gegen ihre Leiden behandeln. Rigoros verlangte Clark als Gegenleistung für seine Quacksalbereien Pferde – die leider nur wenige Patienten besaßen. Clark ließ Gnade vor Recht walten, trennte sich schweren Herzens von seinem Säbel und tauschte ihn gegen ein Packpferd ein. Zum Schluß mußten sich die Weißen mit wenigen Lasttieren begnügen und selbst zu Fuß gehen.

Wie zuvor schon bei den Walla-Walla, wo Sacajawea mit einer dort lebenden Shoshonin sprechen und das Begehr der Weißen – Pferde, Pferde und nochmals Pferde – vorbringen konnte, spielte die Indianerin auch beim Kontakt mit den Nez Percé eine wichtige Rolle als Vermittlerin: Lewis und Clark sagten in Englisch, daß sie nach wie vor Pferde brauchten, und boten an, was sie einzutauschen hatten – Teile der eigenen Ausrüstung. Ein englischsprechender Frankokanadier übersetzte ins Französische. Carbonneau nahm den Faden auf und übersetzte für Sacajawea in Hidatsa. Diese gab die Botschaft an einen Shoshonen weiter, der als adoptierter Gefangener unter den Nez Percé lebte. Der endlich machte der anderen Partei verständlich, was die Bleichgesichter wollten und dafür zu geben bereit waren. Die Antwort wurde auf demselben verschlungenen Weg zurückübersetzt.

Bei dem Handel stellte sich trotz aller Umständlichkeit des Verfahrens rasch heraus, daß die Nez Percé keinen Wert auf unnützen Plunder wie Glasperlen, bunte Fähnchen, Medaillen und dergleichen legten. Sie dachten praktisch und wollten Handfestes, Nützliches: Ahlen, Messer, Töpfe, Beile, vor allem jedoch Waffen. Nach langem Zögern mußten Lewis und Clark scheinbar unentbehrliche Bestandteile der Ausstattung abgeben.

Auch unter diesen Bergbewohnern waren Clarks medizinische Kenntnisse überaus gefragt; die Nez Percé drängten sich um den Captain. An manchen Tagen »verarztete« er bis zu 40 Patienten. Dabei stellte sich heraus, daß diesen Indianern ein Tabu den Verzehr von Hundefleisch verbot... Die strenge Bewachung Scannons konnte gelockert werden.

*

Während die Expedition weiterzog, wurde die Jagd wieder erfolgreicher: Wildbret von Bär und Hirsch ersetzten Pferde- und Hundefleisch. Sacajawea sammelte Fenchel, Yampa-Wurzeln, jegliche eßbaren Pflanzen und Kräuter, und die Vitaminzufuhr kam der Gesundheit und dem allgemeinen Wohlbefinden der Männer zugute.

Im Gegensatz zur Anerkennung und Wertschätzung, die sich seine Frau erworben hatte, galt Carbonneau selbst als der große Flop der Expedition. Seine Kenntnis der Sprachen jenseits der Rocky Mountains war zwangsläufig gleich null; auch die Idiome der Gebirgs-Indianer waren ihm kaum vertraut. Mehrfach mußte Sacajawea in die Bresche springen und helfend eingreifen. Nach seinem Versagen als Bootsmann erwies er sich auch noch als schlechter Reiter: Gleich zweimal ging ihm sein Pferd durch; ein drittes Mal fiel durch seine Ungeschicklichkeit sein Packtier in den Fluß - mit dem Resultat: zeitraubende Suche, unnötige Aufenthalte, Streit, Ärger und Mißstimmung.

Am 15. Juni nahm die Expedition die Überquerung der Bitterroot Mountains in Angriff – nur, um im tiefen Schnee steckenzubleiben, der selbst auf der Südseite der Hänge noch vier bis fünf Meter hoch lag. Nach zwei Wochen vergeblicher Mühe kam ihnen die Wärme und ein Trupp der Nez Percé zur Hilfe. Clark schreibt in sein Tagebuch: »Sie durchqueren diese Gegend mit einer Art instinktiver Klugheit und Sachkenntnis. Sie zweifeln oder zögern nie, sie scheinen nie unschlüssig zu sein und immer genau zu wissen, wo sie ihren Fuß hinsetzen. Wo der Schnee auch nur hundert Schritt weggeschmolzen war, befand sich akkurat der Sommerpfad unter unseren Füßen.«

Nachdem der Gebirgskamm hinter ihnen lag, teilte sich die Expedition. Lewis wollte auch noch den Marias River erkunden, über den er eine leichtere, eher praktikable Route vermutete. Carbonneau, Pomp und damit auch Sacajawea blieben bei Clark. Sacajawea hatte die Führung übernommen. Es ist bemerkenswert, daß die Landvermesser, die erst die Trassenführung für die Eisenbahn und später auch für den Highway absteckten, exakt der von der jungen Shoshonen-Frau vorgegebenen Route folgen sollten.

Der Captain hoffte, am Beaverhead River die dort zurückgelassenen Boote wiederzufinden sowie die im Vorjahr eingegrabene Verpflegung und überzählige Ausrüstung. Zu ihrer großen Überraschung und Erleichterung war alles unberührt. Vor allem der damals ebenfalls versteckte Tabak war den Männern hochwillkommen; bald pafften alle dicke Wolken. Es ging nicht nur um den entbehrten Genuß, sondern auch darum, die blutgierigen Moskitos wenigstens halbwegs in Schranken zu weisen. Mit obszöner Impertinenz und in dichten Schwärmen stürzten sich die Insekten auf jedes Stück freie Haut. Vor allem der kleine Pomp litt fürchterlich.

Clarks Truppe fächerte sich noch einmal auf: Der Captain ritt mit einigen Begleitern über Land, um den Yellowstone River zu erkunden. Als sie sich nach der ersten Nacht am Fluß morgens die Augen rieben, waren ihre Pferde verschwunden. Viel später fanden sie heraus, daß spitzbübische Crow-Krieger sich der Reittiere bemächtigt und sie unbemerkt entführt hatten.

Die Folgen der Missetat hielten sich in Grenzen: Der Yellowstone River erwies sich als leicht und zügig zu befahrender Wasserweg. Clark und seine Männer bauten einmal mehr ein Kanu und vertrauten sich der gleichmäßigen Strömung an. Wäre die geflügelte Pest der Moskitos nicht gewesen, hätten man auf dieser Etappe von einer angenehmen Vergnügungsreise sprechen können.

Dagegen sollten Lewis und seine Leute Probleme bekommen: Sie trafen auf eine berittene Gruppe von etwa 30 roten Kriegern. Rasch stellte es sich heraus: die gefürchteten Blackfoot. Die Begegnung lief vorerst friedlich nach dem bekannten Ritual ab: Die beiden Anführer, Lewis und der Häuptling, stiegen von ihren Pferden, gingen unbewaffnet aufeinander zu, während ihre Mannschaften zurückblieben. Lewis überreichte seinem Gegenüber eine Fahne, eine Medaille, ein rotes Bandanna-Halstuch. Dann rauchten sie zusammen die Pfeife. Lewis versuchte, dem Häuptling zu verdeutlichen, er wolle mit seinen Leuten gern bei den Indianern kampieren.

Die Rothaut willigte ein, doch die Stimmung blieb gespannt, wenn nicht feindselig. Jede Gruppe wollte der anderen klarmachen, sie sei lediglich die Vorhut eines viel stärkeren Verbandes. Die Nacht verlief ereignislos, doch im Morgengrauen versuchten die Blackfoot, erst die Gewehre, dann auch die Pferde der Weißen zu stehlen. Als Lewis' Männer sich gegen die Übergriffe zur Wehr setzten, brach in dem aufkommenden Handgemenge nach einem Messerstich ein roter Krieger blutend zusammen - und starb. Lewis feuerte mit seiner Pistole auf einen anderen Krieger, der bereits sein Gewehr in Händen hielt und die Waffe nicht wieder hergeben wollte.

Die Weißen nutzten die kurze Verwirrung der Roten, gaben Fersengeld und ritten ihre Pferde erbarmungslos bis an die Grenzen ihrer Leistungsfähigkeit. Nach rund 60 Meilen mußten sie kurz rasten, sich und den Tieren eine Atempause gönnen. Dann flohen sie weiter, bis sie nach nochmals 40 Meilen im Sattel am Missouri halt machten. Zu ihrer grenzenlosen Erleichterung sahen sie am Ufer die Kanus der Clarkschen Abteilung. Alle Mann wurden sofort in Verteidigungsbereitschaft versetzt, doch die Rothäute ließen sich nicht mehr blicken. Später stellte sich heraus, daß auch die Blackfoot Hals über Kopf geflohen waren - glücklicherweise in anderer Richtung als ihre Kontrahenten.

Die weitere, gemeinsame Reise auf dem Missouri wäre ereignislos geblieben, hätte es nicht einmal mehr Lewis getroffen. Am 11. August 1806 entdeckten sie in der Nähe eines Ufergebüschs einige prächtige Wapiti-Hirsche. Lewis und der Fiedler Cruzatte feuerten gleichzeitig, die Tiere flüchteten mit Ausnahme eines getroffenen Hirsches. Die beiden Schützen drangen zur Nachsuche in das dichte Gebüsch ein; plötzlich hörte Lewis einen Schuß und spürte einen stechenden Schmerz in seiner Gesäßbacke. Der Captain dachte an feindselige Indianer und verbarg sich im Unterholz. Doch nichts geschah - bis Lewis zu seiner Erleichterung in der mit schußbereitem

Gewehr herumschleichenden Gestalt Cruzatte erkannte. Der kurzsichtige Fiedler hatte seinen Captain für den verwundeten Hirsch gehalten und um ein Haar das falsche Wild zur Strecke gebracht.

Drei Tage später landeten die Männer mit ihren Booten vor dem Hidatsa-Dorf, das sie vor anderthalb Jahren verlassen hatten. Beim herzlichen Abschied bot Clark Sacajawea und Carbonneau an, den kleinen Pomp in einigen Jahren in seine Obhut zu nehmen und für dessen Erziehung zu sorgen.

*

Schon ein paar Monate später reisten Sacajawea, Carbonneau und Pomp den Missouri abwärts, um Captain Clark in St. Louis zu besuchen. Dort scheinen die drei eine Zeitlang geblieben zu sein, denn 1810 verkaufte Clark dem Pelzhändler ein Stück Land, das dieser aber ein Jahr später dem Captain zurückverkaufte. Klar ist, daß William Clark sein Versprechen einlöste und sich um die Erziehung von Jean-Baptiste alias Pomp kümmerte.

Nochmals Jahre später (1812) tauchte Carbonneau in Fort Manuel auf, an der heutigen Grenze zwischen North und South Dakota. In seiner Begleitung war eine junge Frau, die nicht unbedingt mit Sacajawea identisch gewesen sein muß. Die Neigung des alten »womanizer«, sich mit blutjungen Indianerinnen zu umgeben, war ungebrochen. Der Clerk des Handelspostens schrieb am 20. Dezember 1812 als besonderes Vorkommnis nieder: »Heute abend ist die Shoshonen-Frau des Carbonneau an Wundbrand gestorben. Sie war sehr ordentlich. Sie war ungefähr 25 Jahre alt und die beste Frau innerhalb des Forts.«

Die Eintragung des Clerks scheint zu belegen: Es war das tragisch-unspektakuläre Ende von Sacajawea. Doch die Legende will es anders, ganz anders.

Nach der Überlieferung der Shoshonen führte der alte Schwerenöter Carbonneau seinem Hausstand wieder einmal eine schöne junge Frau zu, diesmal eine Ute-Indianerin. Im Gegensatz zu ihrem vorangegangenen Verhalten sei Sacajawea mit dieser Frau nicht zurechtgekommen; Streit sei an der Tagesordnung gewesen. Vielleicht eine Reaktion auf das Ungemach, das die Ute den Shoshonen in vergangenen Zeiten zugefügt hatten? Eines unschönen Tages, so berichtet die Legende weiter, schlug Carbonneau Sacajawea mit der Peitsche, worauf diese ihn sofort verließ.

Die einstige Frau des Pelzhändlers soll darauf von Stamm zu Stamm gewandert sein, um endlich bei den Comanchen, dem einstigen Brudervolk der Shoshonen, Unterschlupf zu finden. Mit ihnen hätte sie sich in einer Sprache verständigen können. Unter den Comanchen hätte sie ihren Namen in »Lost Woman« oder »Verlorene Frau« geändert – heißt es. Angeblich heiratete Lost Woman/Sacajawea den angesehenen Krieger Jerk Meat und lebte eine Zeitlang glücklich mit ihm zusammen.

Doch Jerk Meat wurde im Kampf getötet, und Lost Woman soll ihre Wanderschaft wieder aufgenommen haben. Im Gefolge des Entdeckers Charles Fremont soll sie endlich in Fort Bridger, Wyoming, über längere Zeit zur Ruhe gekommen sein, wo die Shoshonen inzwischen angesiedelt worden waren. Lost Woman/Sacajawea fand offenbar im Jahr 1843 willkommene Aufnahme bei dem Volk, in das sie vor über 50 Jahren hineingeboren worden war.

Nach indianischem Standard war sie eine alte Frau, und trotzdem konnte Lost Woman/Sacajawea – wie es heißt - der angeborenen Wanderlust nicht widerstehen. Die Legende sagt nichts über die verschlungenen Pfade, die sie zwischen der Mitte und den siebziger Jahren des 19. Jahrhunderts beschritten hat. Irgendwann soll sie nach Fort Bridger zurückgekehrt sein und ihren inzwischen erwachsenen Sohn, den einstigen Pomp, wieder in die Arme geschlossen haben.

Die Frau, die der Überlieferung nach einmal Sacajawea gewesen sein soll, starb am 9. April 1884. Sie wäre demnach über 90 Jahre alt geworden. Ihr Sohn folgte ihr ein Jahr später in den Tod.

Bliebe von Carbonneau zu berichten, daß er nach seiner Trennung von Sacajawea seinen alten Gewohnheiten treu blieb, junge Indianerinnen heiratete, in der Weite der Prärie herumzog, um sich auf die verschiedenste Art und Weise nützlich zu machen und sein Leben zu fristen. Unter anderem stand er in den Diensten des Prinzen Paul von Württemberg, der 1822 den »Wilden Westen« bereiste. Interessant ist, daß Prinz Paul bei seiner Rückkehr nach Deutschland Baptiste alias Pomp mitnahm und ihn in Deutschland bis zu einer zweiten Reise nach Nordamerika im Jahre 1829 in seinem Gefolge hielt.

1833 diente Carbonneau Senior wieder einem prominenten Deutschen auf Wildwest-Tour, dem Prinzen Maximilian zu Wied, der sich im Widerspruch zu Lewis und Clark positiv über ihn äußerte. Kurz vor seinem achtzigsten Lebensjahr heiratete der alte Schwerenöter 1838 noch einmal eine vierzehnjährige Assiniboine-Schöne. Ein Zeitgenosse charakterisiert ihn: »Alt wie Ramses, aber aktiv wie eh und je.« Irgendwann hat Schnitter Tod endlich auch Carbonneau von den Beinen geholt. Datum, Ort und Umstand des Hinscheidens von Sacajaweas einstigem Mann sind allerdings nicht bekannt.

Im Juli 1905 enthüllte Susan B. Antony, die Präsidentin der »National American Women Suffrage Association« (Nationale amerikanische Vereinigung für das Stimmrecht der Frauen), eine Statue. Als das Tuch - ein Sternenbanner - fiel, kam die Skulptur einer jungen, schönen, resoluten Frau im gefransten Rehlederkostüm mit nur schwach angedeuteten indianischen Gesichtszügen zum Vorschein, das Werk der Künstlerin Alice Cooper aus Chicago.

Abigail Scott Duniway aus Oregon, eine der prominenten Rednerinnen, führte aus: »Diese Frau war eine Indianerin, eine Mutter und eine Sklavin. Als sie mit einem Kind männlichen Geschlechts auf dem Rücken den Weg durch die ungebahnte Wildnis zeigte, der auch zur Heimat ihres eigenen Volkes führte, wußte sie wenig davon, welch pazifisches Empire sie aufbauen würde. Indem wir sie ehren, ehren wir auch Tausende von ungekrönten Heldinnen, deren stille Kraft und geduldige Anstrengung die Ziele der großen Männer dieser Welt möglich machten.«

Wie wahr, wie wahr! Die Lewis- und Clark-Expedition hätte zwar auch ohne Sacajawea ihr Ziel erreicht, aber Sacajawea hat es diesen Männern, die heute zu den großen Heroen der amerikanischen Geschichte zählen, leichter, sie hat sich um deren Erfolg mehr als verdient gemacht. Unausgesprochen bestand das Ziel der erfolgreichen Expedition auch in der späteren Unterwerfung der freischweifenden, kupferfarbenen Menschen des weiten Westens.

Es ist eine bittere Ironie des Schicksals. Sacajawea hat, wenn auch eindeutig unbewußt, den Eingeborenenvölkern des Westens einen Bärendienst erwiesen. Die Eroberung dieses Teiles der USA, die Vernichtung beziehungsweise Vertreibung der dort lebenden Rassegenossen und

-genossinnen wäre ohne sie möglicherweise verzögert worden. Sie hätte den Völkern, auch ihrem eigenen, den Shoshonen, eine Atempause gewährt.

Doch hätte auch Sacajawea das sogenannte Rad der Geschichte nicht aufhalten können; das Rad, das die Menschen ihrer Rasse mit der Unerbittlichkeit eines Bulldozers niederwalzen sollte.

Fanny Kelly: Die Gefangene der Sioux

In den Überlieferungen der Weißen wie der Roten spielten die herausragenden Taten der Männer die dominierende Rolle. Daneben waren die eingeborenen Geschichtenerzähler, die »roten Historiker«, durch die Beschäftigung mit den ihnen unbegreiflichen, darum ins Mystische verlagerten Naturerscheinungen, mit ihren Träumen und Visionen so sehr in Anspruch genommen, daß kaum Raum blieb für das als naturgegeben angesehene Dasein und die Rolle der indianischen Frauen.

Eklatante Unterschiede klafften zwischen dem Leben einer Beothuk-Indianerin auf Neufundland im Osten des Kontinents, einer ackerbauenden, im Pueblo wohnenden Taos-Frau des Südwestens, einer Küsten-Algonquin des Ostens wie Pocahontas, einer von den Bergen in die Prärien übergewechselten Shoshonin wie Sacajawea, einer Stammesangehörigen der nomadisierenden, in der freien Prärie umherschweifenden Sioux oder einer Irokesin wie Anahareo, die sich in der ersten Hälfte des 20. Jahrhunderts in der Welt der Weißen behaupten mußte.

*

Das Dasein der am Rande der Prärien und der wenigen, auf dem großen Grasland lebenden indianischen Völker hatte sich mit dem Einzug des Pferdes schlagartig verändert. Urplötzlich war das Leben leichter geworden: Der sogenannte »Göttliche Hund« erhöhte den Aktionsradius der Jäger und damit ihre Aussicht auf Beute um ein Vielfaches. Die über dem Feuer aufgehängten Kessel waren meist so gut gefüllt wie die Lederbeutel mit Trockenfleisch oder Pemmikan für magere Zeiten. Die härteren Kanten des Daseins schienen gleichermaßen für Männer wie für Frauen abgeschliffen.

Es wäre Raum gewesen für eine kulturelle Evolution, gleich in welcher Richtung: Während die Männer die neuerworbenen Freiräume in ihrer konservativen Vorstellungswelt – neben der immer noch lebenswichtigen Jagd – zu Beute- und Kriegszügen nutzten – oder vergeudeten, veränderte sich das Leben der Frauen nur wenig. Zwar lernten auch sie recht schnell, auf die Ponys aufzusitzen und sich auf den Wanderungen von ihnen tragen zu lassen, aber gleichzeitig bedeuteten die oft rücksichtslosen Ritte auch eine Zunahme an Fehlgeburten als böse »Randerscheinung«. Immerhin brauchten die Squaws jetzt ihren Besitz nicht mehr auf viele Hunde zu verteilen oder selbst zu tragen, sondern konnten diese Aufgabe den »travois« genannten Schleppen und den Packpferden überlassen.

Reichliche Jagdbeute bedeutete für die Frauen auch ein Mehr an Arbeit: Zubereiten und Konservieren von Trockenfleisch und Pemmikan fiel in größerem Umfang an; die geräumigeren Tipis verlangten zusätzliche Felle und setzten entsprechende Gerbarbeiten voraus. Als sich später der vorher unbedeutende Handel mit Tier-, vor allem Büffelhäuten mit den Weißen schwunghaft entwikkelte, lag die Hauptlast wieder in den Händen und Armen der Frauen. Zwar profitierten auch sie in gewisser Hinsicht, da die Handelsgüter der Weißen wie weiche Stoffe, Decken, Kochgeschirr, Schneide- und Schöpfgeräte Einzug hielten und manche Arbeit erleichterten.

Doch wesentlich mehr als für Haushaltsutensilien gaben die stolzen Krieger für sich selbst aus: Sie kauften Waffen und Munition, was ihre Aggressivität noch weiter steigerte; sie legten sich besonders wertvolle Pferde zu, soweit sie diese nicht bei ihren Raubzügen beschaffen konnten; sie liebäugelten und behängten sich ausgiebig mit Schmuck und Tand. Später hielten zudem Genußmittel Einzug: Tabak, Tee, Kaffee, Zucker - und vor allem Whisky, Brandy, Rum, der sie nicht selten zu unvernünftig lallenden, aggressiven Kindern degradierte, soziale Bindungen vernichtete, Gewalt gegen die Frauen provozierte und viele Familien in bittere Not und tiefes Elend stürzte.

Als ob der erhöhte Arbeitsaufwand noch nicht genügt hätte: Im Zuge der kriegerischen Aktionen der Männer mußten die Camps viel häufiger als zuvor verlegt werden, wobei der Löwenanteil der Arbeit - wem sonst? - den Frauen aufgebürdet war. Als zum bösen Ende die US Cavalry ihre Vernichtungsfeldzüge gegen die Indianer einleitete und brutal durchzog, dabei systematisch den Besitz der Indianer, das heißt ihre Tipis, Ponyherden, Vorräte zerstörte und selbst Frauen und Kinder gnadenlos verfolgte, waren es wiederum die für Wiederbeschaffung und Transport der Habe verantwortlichen Frauen, die die schwerste Arbeit zu leisten hatten und die größte Not litten.

Das durch den Umstieg vom Hund aufs Pferd ermöglichte sogenannte »Goldene Zeitalter« der Prärieindianer erwies sich aus heutiger, nüchterner Sicht als eine technologische Umwälzung, aber nicht unbedingt als kultureller Fortschritt. Die alten Schemata im Dasein und im Rollenverständnis von Mann und Frau wurden aus der marginalen Existenz zu Fuß in die neue Reiterkultur übernommen. Die Last auf den Schultern der Frauen war kaum leichter geworden. »Für die Männer und Pferde ist dieses Leben der Himmel auf Erden, für die Frauen und Hunde die Hölle«, klagte eine Betroffene.

Nüchtern betrachtet, war die etwa 150jährige Epoche der stolzen Präriereiter ein buntschillernder Schluckauf der Geschichte, bei dem leider auch sehr viel Blut unschuldiger Frauen und Kinder verspuckt wurde. Die goldenen Jahrzehnte waren nicht nur geprägt von der rücksichtslosen Landnahme der Weißen und ihren Vernichtungsfeldzügen, sondern auch von der erzkonservativen Haltung roter Männer, die jede andere Daseinsform arrogant und hochmütig verachteten und damit einen echten, friedlichen, kulturellen Fortschritt von vornherein unmöglich machten.

*

Um eine auch nur halbwegs authentische und umfassende Vorstellung von dem Dasein, von den kleinen Freuden und großen Leiden der betroffenen Indianerinnen zu gewinnen und zu vermitteln, bleibt nicht viel anderes übrig, als viele Fragmente wie Mosaiksteine zusammenzutragen, um ein halbwegs realistisches Bild zu erhalten.

Dazu gehören auch die unfreiwilligen Erfahrungen von weißen Frauen, die von Indianern auf ihren Kriegszügen gefangengenommen wurden, die sich zurückgeworfen sahen in eine gefährliche, in ihrem Empfinden primitive Welt. Diesen Frauen hatte das Schicksal eine für sie vollkommen neue und kaum vorstellbar schwere Last auferlegt, an der die meisten zerbrachen. Die in jedem Fall bewegenden Erfahrungen und reflektierenden Berichte der Überlebenden scheinen mir bedeutsamer als die von der Kälte der Wissenschaft durchfrosteten Studien der Ethnologen und Anthropologen.

Eine dieser Zeitzeuginnen ist Fanny Wiggins Kelly. Fanny war 19 Jahre alt und gerade neun Monate verheiratet, als sie im Juli 1864 mit ihrem Mann, ihrer adoptierten Nichte Mary und einer kleinen Gruppe weiterer Pioniere von Fort Laramie aufbrach, um in Idaho zu siedeln. Prompt wurde der Treck von einer Hundertschaft von Oglalla-Sioux überfallen. Vier der weißen Männer kamen dabei ums Leben. Josiah S. Kelly gelang die Flucht. Fanny, ihre achtjährige Adoptivtochter Mary, eine weitere Frau namens Sarah Larimer und deren achtjähriger Sohn wurden von den Sioux gefangengenommen.

Die Gefangennahme und die von einer Weißen zu befürchtenden sexuellen Gewalttaten durch die »Wilden« bedeutete für eine vom Puritanismus ihrer Epoche geprägte Frau der »höheren Stände« - zu denen Fanny gehörte - Schlimmeres als der Tod. Doch Fanny zeigte schon in der ersten Schocksituation einen beeindruckenden Überlebenswillen. Sie schrieb später in der Sprache ihrer Zeit quasi als Entschuldigung: »Wer in den dunklen Abgrund des Todes geblickt hat, der weiß, wie sich die Seele sträubt, diesem finsteren Schicksal zu begegnen. Solange Hoffnung den kleinsten Anhaltspunkt für eine Umkehr bietet, da verharren wir an der Schwelle zur Ewigkeit und halten Ausschau nach Rettung.«

Die Hoffnung war nicht unbegründet. Fanny hatte Glück im Unglück: Der Häuptling und Anführer des Kriegszuges, Ottowa, nahm seinen Federschmuck von seinem Haupt und überreichte ihn als Zeichen seines Schutzes und seiner Zuneigung der um ihr Leben zitternden Frau. Obwohl die junge Weiße die rettende Symbolik dieser Geste erst später begriff, sollte sie ihr Überleben erst einmal sichern. Der Akt signalisierte aber auch, daß der Häuptling Fanny als seine Beute, sein Eigentum, vielleicht als seine neue Nebenfrau - oder seine Sklavin - betrachtete. Da aber der würdige Ottowa sich bereits im fortgeschrittenen Alter befand, glaubte sich Fanny vorläufig vor sexueller Gewalt in Sicherheit.

Fanny Kelly lieferte sich ihrem Schicksal nicht wehrlos aus. Während des Nachtrittes vom Schauplatz des Überfalls und der Plünderung gelang es ihr, aus den Seiten eines Buches kleine Fetzen abzureißen und diese über ihre Spur zu verstreuen - in der Hoffnung, daß womöglich Verfolger die Fährte aufnehmen und sie befreien würden. Sie ging sogar noch weiter: Sie hob ihre Adoptivtochter, die ebenfalls gefangengenommene kleine Mary, unbemerkt vom Pferd und wies das Kind an, der Schnitzelspur zu folgen und soweit wie möglich wegzulaufen. Um der Kleinen Mut zu machen, flüsterte sie ihr zu, sie selbst werde binnen kurzem ebenfalls fliehen. Gemeinsam würden sie zum Ort des Überfalls zurückkehren, wo die Retter auf sie warteten.

Die gutgemeinte Absicht sollte sich allerdings als tragische Fehlspekulation erweisen: Die Sioux bemerkten den Fluchtversuch und prügelten Fanny Kelly halbtot. Auch das Kind wurde wieder eingefangen. Die Rothäute machten kurzen Prozeß, töteten die Kleine mit einigen Pfeilschüssen und skalpierten sie.

Am nächsten Tag beging die Gefangene in den Augen der Rothäute eine weitere Missetat: Als sie ungeschickt den Stiel der ihr vom Häuptling Ottowa anvertrauten Zeremonien-Pfeife zerbrach, warf sie kurzerhand die Bruchstücke weg. Damit hatte sie ein todeswürdiges Sakrileg begangen! Um nicht sein Gesicht zu verlieren, blieb dem Häuptling nur eins übrig: die Frevlerin hart zu bestrafen. Fanny sollte auf einen wilden Mustang gebunden, das Tier durch ein paar Peitschenhiebe in Panik versetzt und dann freigelassen werden. Die jungen Krieger würden die Gefesselte auf ein Kommando des Häuptlings verfolgen, den Körper der jungen Frau als Zielscheibe benutzen und solange Pfeil um Pfeil auf sie abschießen, bis keine Spur von Leben mehr in ihr sichtbar sein würde.

Fanny spielte ihre letzte, verzweifelte Trumpfkarte aus: Sie zog ihre Geldbörse und verteilte Scheine und Münzen unter die Krieger - einen Betrag von rund 120 Dollar. Zu ihrem Glück kannten die Rothäute bereits die ungefähre Bedeutung des Geldes. Als ihnen Fanny mittels Zeichensprache erklärte, welche Herrlichkeiten sie in den Handelsposten der Weißen dafür erstehen könnten, vergaßen sie über diesen himmlischen Aussichten ihre tödlichen Absichten - oder hofften, mit dieser Gefangenen werde eine Quelle unerwarteten Reichtums weiter sprudeln.

*

Fanny Kelly tat das einzig Richtige in ihrer Situation: Sie redete sich ein, ihre Gefangennahme sei ein Abenteuer, und bemühte sich, ihren Bewachern ihre aufgeschlossene, entgegenkommende Seite zu zeigen, mehr noch: sich nützlich zu machen. Als die Indianer beim Wiedereinfangen der durchgegangenen, zuvor erbeuteten Pferde des Siedlertrecks Probleme bekamen, weil die Tiere vor der fremden Witterung der Rothäute scheuten, half ihnen Fanny erfolgreich beim Zusammentreiben und Bändigen der kleinen Herde.

Ihr Rollenspiel fiel ihr sicher nicht leicht, unter der niederdrückenden, schrecklichen und berechtigten Angst vor Marter und Qual, vor dem Tod. Sie hatte Angst vor dem physischen Schmerz der »Schändung«, mit der sie rechnen mußte. Gegen dieses Trauma kämpfte ihr starker, unbändiger Wille zu überleben - koste es, was es wolle.

Auf dem Ritt ins Camp mußte Fanny nachts schutzlos auf der nackten Erde schlafen. Anfangs bekam sie nichts zu essen, der Durst quälte sie. Sie bewunderte die Indianer, die Holzstücke kauten und sich so die oft schleppenden Etappen bis zur nächsten Wasserstelle erträglich machten. Erst nach ein paar Tagen warfen sie der weißen Frau ein Stück rohes Fleisch von einer erbeuteten Antilope hin; Fanny brachte keinen einzigen Bissen hinunter.

Daß der alte Häuptling seine vorgeblichen Besitzrechte auch in sexueller Hinsicht wahrnahm, ist anzunehmen; Fanny mag sich in das Unabänderliche gefügt haben. Wohlweislich schreibt sie nichts darüber, weder zu diesem noch zu einem späteren Zeitpunkt. Der »Skandal« hätte sie in ihrem weiteren Leben nach den Moralvorstellungen jener Zeit wie ein auf immer eingebranntes, böses Stigma begleitet und in ihrer Umwelt nachträgliche, niederträchtige Häme und üble Phantasien freigesetzt.

Die Gefangene wurde Zeugin einer erfolgreichen Büffeljagd. Danach drückten ihr die Sioux ein Messer in die Hand und bedeuteten ihr, sie möge sich an den blutigen Kadavern bedienen. Auch bei dieser Gelegenheit konnte sie sich nicht zum Essen des rohen Fleisches überwinden.

Später berichtete sie, daß die Oglalla viel mehr Tiere als nötig töteten, daß sie nur einen Bruchteil der riesigen Fleischbeute mitnehmen, geschweige denn essen konnten. Eine Tatsache, die durch eine Reihe anderer zeitgenössischer Berichte bestätigt wird. Jeder erfolgreiche Jäger nahm nur den Teil der Beute, die seinem persönlichen Geschmack entsprach. Den Rest überließen sie den weniger Erfolgreichen, den Löwenanteil jedoch den Adlern, Wölfen, Coyoten und übrigen Aasfressern der Prärie. In dieser Hinsicht erschienen ihr die wilden Krieger »wie unvernünftige Kinder, die ihr zerbrochenes Spielzeug einfach liegen lassen, wenn die erste Begeisterung verflogen ist«, schrieb sie später.

Genausowenig wie die Sioux Wasser für unterwegs mitgenommen hatten, verzichteten sie auch darauf, Vorräte von ihrer überreichlichen Fleischbeute zu horten. Sie hielten sich nicht einmal damit auf, Feuer zu machen und ihre Nahrung zu braten. Sie stillten ihren Hunger und ritten weiter. Das Konservieren und Verarbeiten des Fleisches war Sache der Frauen - mit solch niederen Tätigkeiten gaben sich die stolzen Herren der weiten Prärie nicht ab, hätten sie doch sonst ihre Fähigkeiten als Jäger in Frage gestellt. Vor drohendem Hungertod würden sie anderes Wild auftreiben. »Festmahl oder totale Entbehrung scheint ihre Devise zu sein«, resignierte Fanny Kelly.

Gefahr drohte ihr auch von ganz unerwarteter Seite. Offenbar war sie als ungewöhnliches und exotisches Beutestück nicht nur der Stolz ihres jetzigen Besitzers, sondern ein Objekt geworden, an dem sich Neid und Mißgunst entzündeten. Die anderen Männer warfen ebenfalls begehrliche Blicke auf die blonde, hübsche, junge Frau, und allen voran lenkte der junge Jumping Bear sein Pony immer wieder in ihre Nähe. Danach kam der Schwager des alten Häuptlings auf sie zu und schenkte ihr ein paar Strümpfe aus der Beute, die Fanny freudig annahm. Damit übertrat sie unbewußt einmal mehr ein Tabu, nachdem keine Frau ohne die vorherige Einwilligung ihres »Herrn« das Geschenk eines anderen Mannes annehmen durfte.

Die Unkenntnis hätte ihr um ein Haar das Leben gekostet. Der Häuptling warf einen kühlen Blick auf die Gabe, legte einen Pfeil auf die Sehne seines Bogens und erschoß das Pferd seines Schwagers. Wütend über diesen Affront und nach dem Prinzip »Tötest du meinen Besitz, töte ich deinen« spannte dieser ebenfalls seinen Bogen und zielte auf Fannys Herz. Im letzten Augenblick warf sich Jumping Bear dazwischen, entriß dem Wütenden den Bogen und warf ihn zu Boden.

Irgendein anderes Ereignis lenkte die Streithähne ab. Die Gemüter beruhigten sich endgültig, als Häuptling Ottowa seinem Schwager als Kompensation ein Pferd aus seiner Herde geschenkt hatte.

Fanny hungerte immer noch. Wieder war es Jumping Bear, der sich herabließ, unter einem kleinen Kessel aus der Beute des Siedlertrecks ein Feuer anzuzünden und so das Fleisch für die Weiße genießbar zu machen. Aber die Art der Zubereitung, Fanny beschreibt keine Details, geschah nach ihren Worten auf solch widerwärtig schmutzige Art, daß sie nur ein winziges Stück essen konnte.

Was ihr Eigentümer, der Häuptling, zu dieser Aufmerksamkeit eines möglichen Konkurrenten zu sagen hatte, erwähnt sie nicht. Die Prozedur ging jedenfalls ohne die Einwände Ottowas vonstatten – vielleicht hatte sich Jumping Bear Respekt verschafft, vielleicht hatte der Alte diese Form der Zubereitung selbst angeordnet: Schließlich wollte er seine Kriegsbeute in ansprechendem, Bewunderung und Neid erweckenden Zustand und nicht halbverhungert im Lager präsentieren.

Endlich näherte sich der Trupp dem Sioux-Lager. Fanny setzte ihre ganze Hoffnung darauf und glaubte, daß sie unter den Frauen – »auch wenn sie Wilde sind«, wie sie in ihrem Buch bemerkte – eine Verbesserung ihres Loses erfahren und Mitgefühl erwecken würde.

In ihren Bewachern war ebenfalls eine Wandlung vorgegangen: Aufgeregt und in froher Erwartung staffierten sie sich auf ihrer Ansicht nach eindrucksvollste Art und Weise aus. Die Herren wollten ihren Erfolg demonstrieren und auch sich selbst gebührend zur Schau zu stellen. Wie Fanny mit sichtbarer Schadenfreude bemerkte, ahnten die Männer in ihrem Imponiergehabe die Lächerlichkeit nicht, wenn sie sich mit Frauenhüten schmückten, wenn andere einen Parasol in den mit Seide behandschuhten Händen schwenkten, wie sie vergeblich die Kleidungsstücke der Weißen zuoberst und zuunterst anprobierten.

Häuptling Ottowa hatte sich ebenfalls »in Schale geworfen«. Ganz offensichtlich bewies er mehr Geschmack und Würde als die Mehrzahl der »gemeinen« Krieger. Fanny kam trotz ihrer prekären Situation nicht umhin, ihn – mit Abstrichen – zu bewundern und später seinen Aufzug genau zu beschreiben. Er hatte sein Gesicht rot mit schwarzen Streifen bemalt, die Augen gelb umrandet. Seine langen schwarzen Haare waren mit Ausnahme einer Skalplocke auf dem Kopf in zwei Zöpfe geflochten, darüber eine Krone aus Adlerfedern, die sich wie eine bunte Mähne über seinem Rücken fortsetzte. An seinen Ohren baumelten große Messingringe von sechs Zoll (15 Zentimeter) Durchmesser. Um den Hals klimperten Metallketten, hingen Stoffbänder und dazu auf einem Lederstreifen aufgereihte Grizzlykrallen. Seine Leggins, sein Hemd aus Hirschleder waren mit Skalplocken be-

Fanny Kelly

setzt und aufwendig mit Perlenstickereien ornamentiert. Als einziges Beutestück der letzten Raid hatte er optisch effektvoll eine große, bunt gefärbte Decke um seine Schultern drapiert.

Aufrecht und stolz auf seinem besten, gleichfalls mit Skalps, Bärenklauen, zusätzlichen Glöckchen dekorierten Pferd thronend, präsentierte sich der Häuptling sogar in den Augen seiner Gefangenen als beeindruckende Erscheinung - zumindest äußerlich.

Dann nahte der große Augenblick, da fast alle Bewohner des Camps den Kriegern in Aufregung und Euphorie entgegenströmten und den Heimkehrern eine von schrillem Geschrei und wilden, improvisierten Tänzen begleitete enthusiastische Begrüßung boten. Waffen und Beutestücke wurden geschwenkt - es folgte der Einzug der siegreichen Gladiatoren in die Arena, sprich: der erfolgreichen Oglalla in das Lager. An der Spitze, direkt hinter dem Häuptling, ritt dessen schönste und in den Augen der anderen beneidenswerteste Beute, Fanny Kelly.

Die Häuptlingsfrauen erschienen vor dem Tipi, um ihren Herrn zu begrüßen. Sie kreuzten ihre Arme vor der Brust des Häuptlings, senkten die Häupter und lächelten. Fanny las großes, stummes Erstaunen in ihren Augen, als sie angewiesen wurde, sich im Tipi dem Eingang gegenüber, direkt hinter dem Feuer, dem Ehrenplatz in der Indianeretikette, niederzulassen.

Darauf wurde die übrige Beute ausgelegt. Die Frauen waren fasziniert von den Mitbringseln ihres Herrn und Gebieters. Fanny beschrieb, daß jede ihren eigenen Geschmack hatte, so wie das »bei meinen weißen Schwestern in der Stadt auch der Fall ist«. Voller Bewunderung betrachteten sie jeden weiteren vor ihnen ausgebreiteten Gegenstand, bis sich die Älteste und Hauptfrau ein Stück

Stoff griff und erklärte, daß sie dieses für sich selbst behalten wolle, was den anderen zu mißfallen schien. Sie rebellierten gegen den Vorgriff, doch die Alte ließ sich nicht beeindrucken: Sie zog ihr Messer aus dem Gürtel und schrie mit zornfunkelnden Augen, sie habe das Vorrecht und könne nach ihrem Gutdünken verfahren. Sie würde jede auf der Stelle umbringen, die dieses Recht in Frage zu stellen wagte.

Fanny zuckte angesichts dieses Ausbruchs von ungezügelter Wildheit ängstlich zusammen. Aber der Häuptling schenkte ihr ein aufmunternd-nachsichtiges Lächeln, erhob sich, äußerte einige ernsthaft-autoritäre Worte, und der Aufruhr erstarb. Die Hoffnung der Weißen auf schwesterliche Nachsicht oder gar Hilfe hatte sich in erhöhte Angst und zusätzlichen Schrecken verwandelt vor der eindrucksvoll demonstrierten Rücksichtslosigkeit und Bösartigkeit der Hauptfrau.

Fanny befürchtete das Schlimmste, als der Häuptling auf einen Ruf zum Festschmaus das Tipi verließ. Doch ein ständiger Strom von meist weiblichen Besuchern und deren Kindern lenkte die Entourage des Würdenträgers nicht nur ab, sondern schien diese gar mit gewissem Stolz zu erfüllen. Alle betrachteten die fremde weiße Frau mit stummem, großäugigem Staunen. Fanny registrierte die hellere Hautfarbe einiger Kinder. Ein Junge, obwohl erst etwa vier Jahre alt, trug eine amerikanische Militäruniform in Miniatur.

Später sollte die Weiße erfahren, daß die Kleinen die Resultate von Verbindungen »à la mode du pays«, von Ehen auf Zeit zwischen Indianerinnen und amerikanischen Soldaten, waren. Die roten Frauen hatten in der US Army offiziell den Status von »Wäscherinnen«, waren in Wirklichkeit aber eher der »Sexualproviant« einzelner

Soldaten. Sie waren keineswegs in ihre Rolle gezwungen worden, es sei denn, ihre eigenen Väter, manchmal sogar ihre eigenen Männer, hatten sie verkauft. Es kostete sie zwar einige Überwindung, mit ihren neuen Gefährten zu schlafen, deren Körper zum Teil »haarig wie ein Bär« und deren »Augen hell und kalt wie blaues Eis« waren, doch sprach sich rasch herum, daß es im intimen Kontakt nicht anders zuging als bei den Rothäuten. Was die Indianerinnen eher störte, war das in ihren Augen unmenschliche Verhalten ihrer »weißen Schwestern«, die ihre Kinder anschrien oder gar schlugen: in den Augen der Sioux ein barbarisches Verhalten.

Eines dieser Geschöpfe erklärte Fanny in gebrochenem Englisch, sie sei die Gefährtin eines Captains im Fort Laramie gewesen, doch als dessen weiße Gattin aus dem Osten erschienen war, hatte der Offizier sie mit dem gemeinsamen Kind einfach weggeschickt.

Menschen unserer Epoche empört ein solches Verhalten. Doch die Indianerinnen nahmen es nicht tragisch: Sie hatten seit frühester Jugend gelernt, ihre eigenen Gefühle zurückzustellen. Ganz im Gegensatz zu den puritanischen Moralvorstellungen jener Zeit kehrten sie aus einer solchen Verbindung keineswegs »gebraucht« oder gar »beschmutzt« zu ihren Leuten zurück, sondern waren – für ihre Verhältnisse – gut behandelt und reich beschenkt worden. Nach ihrer Rückkehr waren sie eine gute Partie, um die sich die roten Krieger nur so rissen.

Andererseits war der Wiedereinstieg in das heimatliche Lagerleben für sie eine Umstellung, wenn nicht ein Abstieg: Im Fort hatten sie täglich und reichlich zu essen, trugen die bequemeren Kleider der Weißen, mußten viel weniger und nicht annähernd so schwer arbeiten – und wurden in der Regel kaum mißhandelt. Hier im Camp unter ihresgleichen fanden sie sich zurückgeworfen in den alltäglichen Kampf ums Überleben, in die Nöte und Härten des Nomadendaseins. Der Absturz wurde gemildert, weil die meisten von ihrer eigenen Familie wieder aufgefangen wurden: Hier konnten sie zeitweilig Zuflucht suchen, wenn ihr neuer roter Gefährte es an der notwendigen Fürsorge fehlen ließ. Dem wiederum stand der Verzicht auf den besonderen Schutz und die großzügige Versorgung eines »eigenen« Mannes gegenüber.

Auf Dauer war der Status einer »Single« für die Sioux-Frau im gebärfähigen Alter nicht opportun und für das Selbstverständnis einer Indianerin unbefriedigend. Sie mußte darüber hinaus damit rechnen, von ihrer Familie verkauft zu werden. Doch auch dieser Vorgang mündete nicht in jedem Fall in eine Katastrophe. Selbst wenn der eigenen Initiative enge Grenzen gesetzt waren, schmeichelte manchem Wesen die solcherart erfahrene Wertschätzung. Meist regulierten sich diese Dinge zu Verbindungen nach dem Motto, daß jedes Töpfchen irgendwann sein Deckelchen findet. Grundsätzlich kann man davon ausgehen, daß es unter den Indianern nicht mehr, sondern eher weniger unglückliche Verbindungen gab als unter den Weißen der damaligen oder unserer Epoche.

Schlechter traf es die Kinder aus den rot-weißen Partnerschaften auf Zeit: Sie wurden von ihren vollblütigen Altersgenossen oft rüde und brutal behandelt – so lange, bis sie selbst lernten, es den anderen mit gleicher Münze heimzuzahlen, sich Respekt zu verschaffen. Sie mußten sich mit dem Gesetz der Wildnis arrangieren, in dem der Stärkere dominiert. Rücksichtnahme und Barmherzigkeit waren unter dem Nachwuchs der Sioux kaum verbreitet – auch wenn ihnen als Kleinkind von ihren Eltern unendlich viel Liebe und Nachsicht entgegengebracht wurde.

*

Nachdem Fanny Kelly die ersten Erfahrungen gemacht hatte und sich die ärgsten Ängste zumindest vorläufig als unbegründet erwiesen, schienen ihr - zu ihrer großen Erleichterung - die Frauen des Häuptlings mit der erhofften, schwesterlichen Zuneigung entgegenzukommen: Eine brachte ihr einen Napf mit gekochtem Fleisch, andere folgten dem Beispiel. Frauen aus anderen Tipi-Gemeinschaften schienen gar Mitleid mit ihr zu haben. Weniger, weil sie geschlagen und geschunden, sondern eher, weil sie so brutal von der Seite ihres Mannes und besonders aus der Mitte ihrer Verwandten und Freunde herausgerissen worden war. Die Sioux-Frauen fühlten sich ohne ihre engsten beziehungsweise angeheirateten Verwandten isoliert und schutzlos einer fremden, gefährlichen Umwelt ausgeliefert. Die eigene blutsverbundene Familie oder Sippe war ein Rettungsanker - nicht zuletzt vor männlicher Brutalität. Sie war der stets aufnahmebereite Schoß, in den die Frau im Notfall zurückkehren konnte, ohne daß Fragen oder Bedingungen gestellt wurden.

Naturgemäß waren die eingeborenen Frauen ebenso neugierig wie ihre Männer auf das fremde weiße Wesen Fanny. Sie wunderten sich, daß ihre schutzlos der Sonne preisgegebene Gesichtshaut - mit ihrem Hut hatte sich bekanntlich einer der Krieger geschmückt - feuerrot geworden war. Sie begutachteten Fannys Kleider, ihre Wäsche, ihre Brüste, merkwürdigerweise aber besonders eingehend Hände und Füße. Als die Frauen die auf dem

Weg ins Camp erlittenen Blutergüsse und Wunden der Gefangenen sahen, versuchten sie die Verletzungen nach Kräften und in bestem Willen zu versorgen und die Schmerzen zu lindern.

Es dauerte nicht lange, und der Häuptling schickte einen Boten nach Fanny. Sie glaubte, ihre letzte Stunde am Marterpfahl sei gekommen - durchaus verständlich nach alledem, was sie bislang über die schrecklichen Sitten und Gebräuche der »rohen, heidnischen Wilden« gehört und gelesen hatte. Ein furchtbares Ende schien auf sie zu warten. Auf ihr ängstliches Zögern machten die Rothäute ihr klar, sie habe nichts zu befürchten, wiesen im Gegenteil eines der jüngeren Kinder des Häuptlings, die etwa zehnjährige Yellow Bird, an, Fanny zu begleiten und ihre letzten Ängste zu zerstreuen. Der Häuptling ging noch einen Schritt weiter. Er »schenkte« Fanny mit großartiger Geste das zutrauliche Kind - quasi als Ersatz für ihre eigene, kurz nach dem Überfall getötete Adoptivtochter Mary.

Danach wurde die Weiße »offiziell« als eindrucksvollstes Beutestück dieses Überfalls dem Council präsentiert und entsprechend bewundert.

Die resolute Hauptfrau des Häuptlings Ottowa, die zuvor so bedrohlich mit dem Messer in der Gegend herumgefuchtelt hatte, zeigte nach Fannys Präsentation freundlichere Züge. Sie bereitete Tee - für die Indianer ein seltener und hochgeschätzter Luxus - und bot ihn Fanny an. Mit Gesten verlieh sie ihrer Hoffnung Ausdruck, diese Medizin werde die Weiße wieder voll genesen lassen.

Zudem war ein hilfreicher Trost und Hoffnungsschimmer für Fanny, daß sich ihr Yellow Bird sofort vertrauensvoll anschloß, das Nachtlager mit ihr teilte und über die gesamte Gefangenschaft hinweg in ihrer unmittelbaren Nähe blieb.

*

Die Siegesfeiern nahmen an den folgenden Tagen ihren Fortgang. Immer wieder war Fanny Kelly der Gegenstand des Interesses, der Neugierde, der Bewunderung und ungeteilter Aufmerksamkeit. Der Häuptling schien sich weiter im Glanze des lebenden »Aushängeschildes« zu sonnen.

Obwohl bei weitem nicht so schmackhaft und hochgeschätzt wie Büffelfleisch, gehörte zu einem Festschmaus der Sioux - wie auch vieler anderer Indianervölker - unweigerlich das Verspeisen von Hundefleisch, dessen Verzehr rituellen Charakter hatte. Mit dem Opfer eines solch nützlichen Tieres wollte man die bösen Geister beschwichtigen und sich die guten geneigt machen.

Fanny kostete es verständlicherweise große Überwindung, auch nur ein Häppchen dieser ungewohnten und ihr widerwärtigen Nahrung zu sich zu nehmen, doch mit äußerster Willensanstrengung würgte sie den Bissen hinunter.

Die wenigen die Krieger bedienenden Frauen, die aber selbst nicht am Festmahl teilnehmen durften, versuchten danach der Weißen die seltene ihr widerfahrene Ehre zu erklären. Fanny deutete sie als weiteren Hoffnungsschimmer, daß der mit Erniedrigung und Marter reich gefüllte Kelch an ihr vorübergehen mochte.

Im Anschluß an den Schmaus veranstalteten die Krieger den Sieges-und Skalp-Tanz. Fanny wurde bemalt, mit Fellen und Bändern behängt; ihre Arme und Gelenke wurden in enge Reifen gezwängt; sie wurde in die Mitte des Kreises der Männer und Frauen geführt. Auch wenn an dieser Zeremonie Frauen teilnahmen, kehrten Fannys eben erst verdrängten schlimmsten Befürchtungen und Ängste zurück.

Junge Frauen, meist die Schwestern der erfolgreichen Krieger, schwenkten mit schrillem Geschrei die Trophäen ihrer Brüder über ihren Köpfen, während diese mit grotesken Sätzen im Kreis um Fanny herumquirlten und dabei ihre durch Mark und Bein gehenden Kriegsrufe herausbrüllten. Mit anderen Gesten gaben sie vor, sich gegenseitig niederzustechen und zu -hauen, wobei sie ebenfalls plötzliche schrille Töne ausstießen. Sie imitierten überaus drastisch die Agonie und das Todesröcheln ihrer sterbenden Opfer. Endlich sprangen die Krieger in wilden, bedrohlichen Verrenkungen, Speere, Keulen und Messer schwingend und einen imaginären Feind einschüchternd, direkt auf Fanny zu. Ein tödlicher Schrekken durchzuckte die junge Frau, bis ihr klar wurde: Es waren nur wilde Gebärden, und die Krieger rückten bald wieder von ihr ab.

Fanny drehte sich angstbebend im Kreis, versuchte, die Tanzschritte der Indianer nachzuvollziehen. Währenddessen hielt sie, umringt von halbnackten, von den flackernden Flammen der Feuer gespenstisch und schemenhaft beleuchteten, wildbemalten Körpern, umringt von Waffen und Brandfackeln schwingenden Gestalten, inmitten der nervenzerrenden Kakophonie der orgiastischen Schreie, der unverständlich-fremdartigen monotonen Gesänge, mit verzweifelter Kraft einen Stab mit einer Reihe von Skalps in die Höhe, den man ihr in die Hand gedrückt hatte. Sie versuchte, nicht nur ihre Panik und Angst niederzukämpfen, sondern sich durch Gesichtsausdruck und Körpersprache beeindruckt, zuversichtlich, gar anfeuernd zu geben.

Die symbolischen Aktionen der Krieger wirkten mit der Fortdauer des Tanzes immer wilder, beängstigender, barbarischer. Die Augen der Tänzer traten weit hervor, sie knirschten raubtierhaft mit den Zähnen, ihre Gesichter verzerrten sich bis zur Unkenntlichkeit. Schock und Schrecken des eben erst überstandenen blutigen Überfalls schienen sich für die Weiße zu wiederholen. Sie hatte keine Wahl, sie mußte den grotesken, bösartigen, einschüchternd-gefährlichen Kriegstanz durchstehen, auch wenn sie ihn letztendlich als gigantischen Mummenschanz erkannte. Für die junge Frau war das unheimliche Spektakel eine ermüdende, nervenzerrende - eine unsägliche seelische Tortur, die bis zum frühen Morgen dauerte.

*

Am folgenden Tag ritt der Ausrufer durch das Lager und schrie etwas, was in Fannys Ohren wie »eglakapo« klang. Die Frauen horchten auf, ließen alles stehen und liegen. Sie verfielen in eine sonst ungewohnte Aufregung und Hektik, rissen die Tipis ab, die Knaben rannten davon, brachten Ponys und Packpferde herbei, die Frauen bündelten mit fliegenden, geschickten Händen die Fellabdeckungen, packten Geräte und Hausrat, die übrigen Habseligkeiten, schirrten die Gerüststangen der Tipis als »travois«, als Transportschleppen, an die Pferde, beluden die Packtiere und auch die Hunde, steckten die Babys in ihre Wiegenbretter, luden sich diese auf den eigenen Rücken oder hängten sie an die Sättel. Das wüste scheinbare Durcheinander löste sich im Handumdrehen auf. Nicht einmal eine halbe Stunde war vergangen, und sie waren abmarschbereit.

Die Männer hatten beschlossen, erneut zu einem Kriegszug gegen die Weißen aufzubrechen. Als flankierende Maßnahme mußte das Lager in eine Position verlegt werden, die größere Sicherheit versprach. Die Krieger hatten sich während des scheinbar emsig-tumultösen Aufbruchs einzig und allein mit dem Überprüfen ihrer Waffen und dem Auftragen ihrer Kriegsbemalung beschäftigt.

Fanny Kelly berichtete, daß sich bei dem Treiben die älteren Frauen am eifrigsten und geschicktesten zeigten, sich die schwersten Lasten aufbürdeten und zusätzlich die Pferde am Zügel führten, auf denen die jüngeren aufsaßen. Vor allem zeigte sich die Weiße von der Unzahl von Hunden beeindruckt, die das Camp auf seiner Wanderung begleitete. Hunde jeder Größe und Provenienz, von denen fast jeder eine Last zu tragen oder eine kleine Schleppe zu ziehen hatte.

Die halbwüchsigen Jungen und älteren Männer und die den Troß als Flankenschutz begleitenden vollwertigen Krieger ritten in einigem Abstand. Im Gegensatz zu der - optisch gesehen - eher mitleiderregenden Prozession der Frauen und Kinder war die Parade der Männer ein beeindruckendes Bild, wie Fanny in ihren Aufzeichnungen hervorhob.

Es versteht sich, daß die weiße Gefangene aufgrund ihres hohen Status als Eigentum des Häuptlings unbeengt von dessen Besitztümern und unbelästigt von den bei der Verlegung des Lagers anfallenden Aufgaben mitreiten durfte.

Während des Marsches wurde Fanny Kelly Zeugin vom »Begräbnis« eines während der Nacht gestorbenen Kindes. Das Ereignis bedrückte sie sehr, erinnerte es sie doch schmerzlich an ihre kleine Pflegetochter Mary. Der kleine Körper wurde in einen Vorhang gehüllt, der einst in ihrem Haus gehangen hatte, worüber eine mit bunten Bändern und Amuletten geschmückte Decke geschlagen wurde. Die Leiche wurde mit dem wenigen Spielzeug des Kindes und etwas Nahrung auf eine kleine mit Pfählen abgestützte Plattform gelegt und unter den Klagen der Mutter und Anverwandten zurückgelassen. Die Männer trauerten schweigend, die Frauen lamentierten. »Der Tod ist offenbar der einzige Anlaß, ohne Gesichtsverlust Tränen vergießen zu dürfen«, bemerkte Fanny später.

Ein ähnliches Ritual erfuhren die sterblichen Überreste der Erwachsenen, die der Tod ereilt hatte: Auch für sie wurde eine auf vier gegabelten Pfosten ruhende Plattform errichtet, oder aber sie wurden, eingebunden und verschnürt in eine Büffelhaut, auf einen starken Baum gehievt und in den Astgabeln strammgezurrt, um sie vor Raubtieren und Aasfressern zu sichern. Der Besitz der Verstorbenen wurde ihnen beigegeben; die Waffen, Pfeifen, Decken der Männer, die Kochgeräte der Frauen sowie ein kleiner Vorrat an getrocknetem Fleisch. Bei bedeutenden Kriegern wurde das Lieblingspferd getötet oder zumindest Schwanz und Mähne symbolisch gestutzt. Der Geist der Toten durfte auf seinen Wanderungen in das nicht näher definierte Schattenreich keine Not leiden.

Auf ihren Wanderungen mieden die Sioux die »Begräbnisstätten« und wählten lieber einen Umweg; nur die näheren Verwandten besuchten die Toten und hinterließen kleine Geschenke als Geste der ungebrochenen Wertschätzung.

*

Der Troß der Indianer bewegte sich mit an Panik grenzender Aufregung und höchstmöglicher Geschwindigkeit – für Fanny ein Wechselbad von Hoffnung und Angst. Für sie konnte es Rettung, aber auch Tod bedeuten, daß ihnen weiße Truppen auf den Fersen waren.

Die roten Krieger stellten sich immer wieder dem Feind, um ihre Frauen und Kinder zu schützen, konnten aber den besser organisierten und waffentechnisch hochüberlegenen Weißen nur mit Mühe standhalten. Das Krachen der Schüsse und das Donnern der Kanonen näherte sich unaufhaltsam. Squaws und Kinder schrien, weinten, heulten und versuchten, in blankem, kopflosem Entsetzen vom Schlachtfeld zu flüchten. In der Ferne wirbelten Staub und Pulverdampf auf; hinter ihnen kamen die vorrückenden Fußtruppen der Blauröcke und die sie immer wieder attackierenden indianischen Reiter in Sicht. Um jeden Fluchtversuch zu vereiteln, wurde Fanny an die Spitze des Zuges beordert. Ihr wurde unmißverständlich klargemacht, sie dürfe weder zurückbleiben noch zurückblicken ... bis sich endlich das Kampfgeschehen außer Sicht- und Hörweite verlagerte. Fannys Hoffnungen brachen wie ein Kartenhaus in sich zusammen.

Den Indianern war es nicht gelungen, den Gegner aufzuhalten, aber sie hatten ihn von ihrem Troß und ihren Familien abgelenkt.

Nach einem scheinbar endlos langen Tag konnten sie rasten und ihr Lager aufschlagen. Die Squaws verstanden ihr Handwerk: Nur wenige Minuten, und weit verteilt über die Prärie erhoben sich die Tipis. Wie üblich, hatte man als Lagerplatz die Nähe eines kleinen Flusses mit ausreichend Gehölz an seinen Ufern gewählt.

Auf ihren Ponys schwankend, tröpfelten langsam blutende Verwundete ins Camp, die sich mit letzter Kraft aufrechthielten oder von neben ihnen reitenden gesunden Kämpfern gestützt wurden. Manche kamen bewußtlos zurück, lagen quer über den von ihren Kameraden am Zügel geführten Pferden. Fanny hatte keine Zeit, sich dem Schrecken und Entsetzen angesichts der zum Teil grauenhaften Verletzungen hinzugeben. Sie wurde aufgefordert, Kugeln herauszuschneiden, Wunden zu behandeln, Blutungen zu stillen. Sie hatte keine Erfahrung darin – wollte einfach helfen und versuchen, die Schmerzen wenigstens zu lindern. Sie gab ihr Bestes, im Unterbewußtsein den Gedanken, sich als Heilkundige, als Medizinfrau Anerkennung zu verschaffen, sich auf diese Weise nützlich, wenn nicht gar unentbehrlich zu machen.

Währenddessen erlosch der schon verglimmende Hoffnungsfunke auf eine schnelle Befreiung endgültig, als der Strom der Verwundeten versiegte, dafür aber immer mehr Krieger auftauchten, die als Zeichen des Erfolges Trophäen wie erbeutete Waffen, blonde Skalps und blutüberkrustete Uniformstücke schwenkten.

*

Der Triumph der Krieger und das Aufatmen ihrer Frauen und Kinder war von kurzer Dauer. Die amerikanischen Truppen hatten sich bald reorganisiert und die Verfolgung wieder aufgenommen; der indianische Troß mußte weiter. Angst und Verzweiflung unter den Frauen und ihren Kinder griffen weiter um sich. In der aufflackernden Panik ließen sie ihre Zelte und Vorräte, ihre Geräte und Ausrüstung, den gesamten Besitz zurück, um den Yellowstone River zu durchschwimmen – mit allen Anzeichen des Entsetzens weiter zu flüchten, nur um das nackte Leben zu retten.

Allein die Tatsache, daß die Amerikaner während dieser Aktion kaum über unabhängig operierende, bewegliche, schnelle Kavallerieverbände verfügten und sich zusätzlich damit aufhielten, die Hinterlassenschaften, das Hab und Gut der Indianer gründlich zu zerstören und zu verbrennen, gab den Verfolgten den entscheidenden Vorsprung.

Fanny Kelly erfuhr am eigenen Leib, was Überleben ohne Hilfsmittel in der Prärie bedeutete. Sengende Hitze, Durst, Hunger und Erschöpfung brachten sie fast um. Die Indianer waren härter, genügsamer. Sie waren besser gerüstet und gewohnt, auch unter den schlimmsten Entbehrungen zu existieren. Aber auch sie durchlitten Qualen – bis sie wenigstens Wasser, Schatten und Schutz an einem Flußlauf fanden.

Die Amerikaner hatten die Verfolgung aufgegeben. Nicht etwa war Verständnis, Mitleid oder gar der Gedanke an Schonung der sogenannten Nichtkombattanten der Grund. Nein, die weißen Truppen operierten im Vergleich zu den Indianern zu umständlich und schwerfällig und waren auf das Nachrücken ihrer Verpflegungs- und Munitionswagen angewiesen.

*

Inzwischen waren die letzten Krieger wieder zu ihren Familien gestoßen. Sie hatten schwere Verluste erlitten; überall im Lager erklangen schrille Klagelaute. Die betroffenen Frauen schnitten sich die Haare ab, manche gingen soweit, sich an Armen und Beinen Wunden zuzufügen und sich die äußeren Glieder ihrer Finger abzutrennen.

Zusätzlich zu Lamento und Klage forderten Erschöpfung, Entbehrung, Hunger und Angst ihren körperlichen und seelischen Tribut. Die Sioux wogen sich noch nicht in Sicherheit: Die Karawane zog weiter, in einer Prozession des Elends, der Leiden und Schmerzen.

Immer wieder drohten die Männer und Frauen der weißen Gefangenen in erbitterter Wut, man werde sich an ihr für die ungewohnte und schmähliche Art der Kriegführung der Bleichgesichter rächen. Die US Army strebte im Gegensatz zu den zwar grausamen, aber schnellen und nur punktuellen Aktionen der Indianer die totale Vernichtung des Feindes an. Fanny mußte befürchten, daß die Indianer sie zur Kompensation für die erlittenen Qualen von Körper und Seele martern und töten würden.

Die junge Frau durchlitt einmal mehr Alpträume und sah sich zu langsamer, grausamer Agonie am Marterpfahl verurteilt. Prompt näherte sich ihr bei ihren Todesvisionen ein Krieger und gab ihr in Zeichensprache zu verstehen, sie solle sich auf ihr Ende vorbereiten, ihr Volk sei schuldig und für die verzweifelte Lage der Oglalla verantwortlich. Ihre Brüder, die Langmesser, hätten viele, zu viele junge Krieger getötet, deren Blut nach Rache schrie. Man werde ihr den goldenen Skalp vom Kopfe reißen und sie bei lebendigem Leib verbrennen.

Die um ihr Leben zitternde junge Frau konnte nichts anderes tun, als der Rothaut scheinbar ergeben zu bedeuten, ihr aller Schicksal läge in der Hand des Großen Geistes, und seinem Ruf müsse und werde sie folgen.

Zuvor müsse noch der Council befragt werden, erwiderte der Krieger, da sie das Eigentum des mächtigen und einflußreichen Häuptlings Ottowa war - und sprengte davon.

Zum Glück für Fanny wollte Ottowa seine Beute nicht ohne weiteres dem Feuertod überantworten, warf alle Macht und Überzeugungskraft in die Waagschale. Es gelang ihm, dem Council klarzumachen, solch billige Rache an einer wehrlosen Frau sei eines Sioux unwürdig. Fanny Kelly atmete auf und schrieb später: »Ich blickte in Dankbarkeit zum Himmel für den mir gewährten Schutz, als ich von der Übereinkunft des Council erfuhr, mich zu schonen. So schrecklich auch meine Lage war, das Leben erschien mir noch nie so süß wie in dem Augenblick, als ich damit rechnen mußte, es zu verlieren.«

*

Frauen und Kinder jammerten und weinten vor Hunger und Durst auf ihrer Wanderung unter der sengenden Sonne durch die schutzlose Einöde. Trotz aller eigenen Entbehrungen war es für Fanny schrecklich, das Leid um sie herum mitansehen zu müssen, ohne helfen zu können. Hunde und Pferde verendeten, Menschen starben. Die toten Tiere wurden sofort geschlachtet und gegessen, kaum hatten sie ihr Leben ausgehaucht. Soweit es überhaupt etwas zu essen gab, war das rohes Fleisch – und trotzdem konnte keiner auch nur andeutungsweise seinen Hunger stillen. Der Zug schleppte sich weiter in der verzweifelten Hoffnung, bald in eine wildreiche Region zu gelangen. Dort würde man seine Wunden lecken, wieder zu Kräften kommen und es den Amerikanern heimzahlen ...

Jetzt galt die Verordnung »Cold Camp«: Kein Feuer durfte entzündet werden, weil man glaubte, der Feind sei ihnen immer noch auf den Fersen und der Rauch könne sie verraten. Fanny Kelly erlebte am eigenen Leib, welche ungeheuren Leiden ihre eigene Rasse in ihrem ungehemmten und rücksichtslosen Expansionsdrang den Eingeborenen und rechtmäßigen Herren des Landes auferlegte. Doch ihre eigenen Nöte und die beständige Lebensgefahr beherrschten ihr Denken und Fühlen. Verständlicherweise konnte sie unter diesen Umständen Ursache und Wirkung nicht auseinanderhalten, aber auch bei der späteren Niederschrift ihres Berichtes sprach sie keinen dieser naheliegenden Gedanken aus. Womöglich empfand sie das Geschehen als gerechte Strafe für die Untaten der Rothäute und jeden Anflug von Verständnis als unpassend und unpatriotisch?

Zumindest hatten sie jetzt Wasser in der Nähe. Fanny mußte das lebenswichtige Naß eimerweise zum Häuptlings-Tipi hinaufschleppen. Sie mobilisierte ihre allerletzten Kräfte. Nur das bedrohlich gezückte Skalpmesser hielt sie davon ab, sich aufzugeben und ihrem Schicksal zu überantworten.

*

Immer noch wehrte sich Fanny gegen mancherlei von ihr als unzumutbar empfundenen Überlebensstrategien der Indianer. Alles aus der Natur wurde von diesen zur Ernährung genutzt. Als einmal während ihrer Flucht ein riesiger Heuschreckenschwarm vom Himmel fiel, hoben die Häuptlinge die »Cold-Camp«-Anordnung auf. Die Roten rösteten Unmengen der Insekten über in flachen Gruben entzündeten Feuern und verzehrten sie mit offensichtlichem Behagen. Der unerwartete Segen stärkte die Menschen, ließ sie neue Kräfte sammeln, schenkte Hoffnung. Fanny, die diese Art von Nahrung strikt ablehnte, wurde dagegen immer schwächer.

Die Statthalterin des Häuptlings-Tipis, die zuvor ein gewisses Verständnis, wenn nicht gar Sympathie für die Gefangene entwickelt hatte, sah den Kräfteverfall und die daraus resultierende zunehmende Schwäche und Hinfälligkeit als Faulheit an. Die Alte wurde bösartig und drohte mit Repressalien. Eine Frau im Nachbarzelt zeigte dagegen Verständnis und Mitgefühl und bereitete für die Weiße ein Stück Antilopenfleisch aus der Beute ihres Mannes zu. Der Häuptling selbst, einem ordentlichen Essen nicht abgeneigt, folgte ebenfalls der Einladung.

Das versetzte die Alte in einen unkontrollierten Wutausbruch. Sie rannte mit geschwungenem Messer hinterher und schwor, die Weiße als Auslöserin allen Übels zu töten. Ein groteskes Durcheinander und Handgemenge entstand. Die entsetzte Fanny versuchte zu fliehen, der Häuptling schlug auf die Rasende ein, um sie zu bändigen. Die Frau wehrte sich und stach ihrerseits wie von Sinnen um sich, bis ihr Mann, der Häuptling, verletzt niedersank. Zu allem Überfluß griff der zufällig in der Nähe stehende Bruder der Alten ein, überlegte nicht lange und feuerte sechs Schüsse auf die vermeintlich Schuldige ab. Der Schütze verfehlte sein Ziel, aber unglücklicherweise traf eine der Kugeln die Schulter des bereits verwundeten Häuptlings.

In dem sich ausbreitenden Tohuwabohu flüchtete die Weiße halsüberkopf in die offene Prärie, wo sie bald wieder eingefangen und zurückgebracht wurde. Die Folge für Fanny war erneut eine lebensbedrohliche Situation. Ihre Panik hätte durchaus als überlegt eingefädelter Fluchtversuch gedeutet werden können. Doch die ängstliche Anspannung löste sich bald, weil der schwerverletzte Häuptling nach den heilenden Händen der Weißen verlangte. Der Medizinmann hatte zwar mit seinem Messer die Kugel aus dem Fleisch des alten Mannes herausgeschnitten, aber dadurch die Wunde zwangsläufig vergrößert. Fanny übernahm die Aufgabe, die Verletzung auszuwaschen, zu salben, zu verbinden und den Häuptling zu trösten, zu betreuen und weiter zu versorgen.

Glücklicherweise überlebte der Alte, wenn auch als Krüppel. In der Folge konnte er im Gegensatz zu den übrigen Sioux seinen umfangreichen Hausstand weder durch Jagd noch durch sonstige Beutezüge nach den in den Kämpfen mit den Amerikanern erlittenen Verlusten neu aufbauen oder auch nur erhalten. Der Häuptling fand eine recht pragmatische Lösung seines Dilemmas: Mit Ausnahme seines offenbar liebsten Besitzes, das heißt Fanny und damit auch der ihr treu ergebenen Yellow Bird, schickte er seine verbliebenen sechs Frauen mit ihren Kindern einfach weg. Sie würden bei ihren Verwandten oder bei anderen Männern Unterschlupf finden.

Unter den gegebenen Umständen war das die einfachste und beste Lösung. Der Häuptling sah sich nicht mehr in der Lage, seine Frauen zu beschützen und zu versorgen. Also war es im Interesse aller, daß sich die »Verstoßenen« den funktionierenden Haushalten anderer Männer anschlossen. Der Häuptling selbst überließ sich Fannys Pflege und der Zuwendung seiner Schwestern.

Die amoklaufende Alte, die Ursache des Dramas, verschwand scheinbar spurlos von der Bildfläche. Fanny sollte nie mehr etwas von ihr hören: Offenbar wurde sie für ihre Untat auf grausame Art und Weise getötet. »Die Macht des Mannes über die Frau ist uneingeschränkt, er entscheidet über Leben und Tod«, resümierte Fanny Kelly später resigniert.

*

Endlich stießen sie auf Büffel. Büffel bedeuteten Leben, Büffel waren die Rettung in letzter Minute. Die Männer ritten ihre Pferde fast zu Tode, sie spannten die Bögen und schossen ihre Pfeile in die mächtigen Urrinder, bis ihre Arme lahm wurden, bis sie die Sehnen nicht mehr spannen konnten. Sie erlegten Hunderte der Tiere. Dann saßen sie ab, brachen die Kadaver auf, verschlangen die noch dampfenden Innereien. Die Frauen waren ihnen dicht auf den Fersen gefolgt; auch sie stopften sich und ihre Kinder voll mit rohem Fleisch. Danach hackten, schnitten und zerwirkten sie die blutigen Massen, verarbeiteten sie in dünne, etwa meterlange Streifen und breiteten diese über Gestelle zum Trocknen. Fanny bewunderte die Schnelligkeit und das Geschick der roten Frauen; sie schrieb: »Die Knochen bleiben dabei intakt und sehen später so sauber aus, als seien sie gekocht worden.« Daß Haare, Schmutz, Gras und Büffeldung an den roten Fleischstreifen und -lappen klebten, störte niemand.

Wie mit einem Zauberstab berührt, waren Verzweiflung und Hoffnungslosigkeit aus den Gesichtern der Sioux verflogen. Bald wurden die primitiven Notunterkünfte aus Büschen mit darübergeworfenen Fellen durch die neuen Spitzzelte ersetzt. Es schien, als habe es Krieg, Not und Verfolgung nie gegeben. Die Frauen liefen emsig hin und her – sie schleppten Holz und Wasser, sie enthaarten, säuberten, schabten und rieben die Häute mit Hirnmasse ein. Es war eine eintönige und kräftezehrende Arbeit, die sich über lange Tage hinzog, doch beklagte sich keine.

Die Kinder sammelten »buffalo chips« als Brennstoff. Mit »buffalo chips« bezeichneten die Weißen die Losung der Büffel: nichts anderes als getrocknete Kuhfladen. Einmal zur Glut gebracht, entwickeln sie erstaunliche Hitze, aber auch infernalischen Gestank.

Ein Teil der Männer ritt in die Black Hills, wo sie die Gerüststangen für die Tipis schlugen und in das Lager zurückbrachten. Andere saßen untätig herum, prahlten mit ihren wirklichen und vorgeblichen Heldentaten in den Kämpfen mit den Blauröcken, während die Pfeife von Mund zu Mund ging. Wenigstens in ihren Köpfen gaben sie sich alle Mühe, die erlittene Niederlage in einen großen Sieg zu verwandeln. Alles in allem hatte sich das Leben der Oglalla in seinen gewohnten Gang eingependelt.

Jetzt in der warmen Jahreszeit hockten und kochten die Frauen meist vor den Zelten. Oft nutzten zwei Tipigemeinschaften ein einziges Feuer, das zwischen den beiden Zelten brannte. Als Brennstoff diente Holz oder, soweit daran Mangel herrschte, die bereits erwähnten »buffalo chips«. Das Fleisch wurde meist über dem Feuer geröstet oder zumindest erwärmt, manchmal auch halb oder ganz gar gekocht. Feste Essenszeiten gab es nicht. Jeder und jede nahm sich von dem Vorhandenen, wann und wie er oder sie oder es Lust und Laune dazu verspürte.

*

Fanny fiel eine andere hellhäutige junge Frau auf. Sie suchte ihren Kontakt und fand heraus, daß sie ebenfalls eine Weiße war, die einige Jahre zuvor während des sogenannten Minnesota-Massakers den Santee-Sioux in die Hände gefallen war. Die Santee hatten die Frau mißbraucht, gedemütigt, geschunden und dann an die Oglalla verkauft, wo einer ihrer Krieger sie zur Frau genommen hatte.

Ob sie ihren Mann denn liebe, wollte Fanny wissen. Ihre Leidensgenossin schüttelte den Kopf. Nein, sie sei nichts weiter als eine Sklavin für ihren »Besitzer«. Er besäße noch eine andere Frau, die ihm ein Kind geschenkt hätte, doch glücklicherweise sei sie selbst noch nicht Mutter geworden. Sie hasse ihn wie die Pest, aber schlimmer als er selbst sei seine Hauptfrau, die ständig auf sie einprügle und zu den härtesten und niedersten Arbeiten anstelle.

Alle Auslöseversuche der weißen, meist französischen Händler seien gescheitert; trotz guter Angebote wolle ihr despotischer Mann nicht auf sie verzichten.

Naturgemäß hatte dieses bemitleidenswerte Wesen keine Verwandten unter den Indianern, bei denen sie vor der Brutalität ihres Mannes oder seiner Hauptfrau hätte Zuflucht suchen können. Ohne Verwandte leben zu müssen, war für alle Rothäute - ob Mann oder Frau - schlimmer als alles andere. Die Sippe gab Sicherheit; ohne sie war man isoliert, jeglichen Haltes und Schutzes beraubt und verloren. Im Falle dieser vom Schicksal geschlagenen jungen Frau gab es keine Mittel, keine Chance zur Flucht, keine Hoffnung, die Leiden einer unbarmherzigen Ausbeutung zu mildern und die sinnlose Quälerei zu beenden.

Im Gegensatz zu Fanny war diese Frau völlig verzweifelt und hatte jegliche Hoffnung und Gedanken an einen Fluchtversuch längst aufgegeben. Fanny Kelly bemerkte an ihr die »leeren Augen«, an vielen einst gefangenen Frauen auch nach ihrer Befreiung immer noch spürbar – das Zeichen der absoluten Selbstaufgabe, der Ausdruck des totalen Zusammenbruchs jeglichen Widerstandswillens, der sich auch nach beendeter Gefangenschaft nicht mehr restaurieren ließ.

Es ist nicht verwunderlich, daß über das weitere Schicksal dieser unglücklichen Seele nichts bekannt ist.

Ohne Verwandte dazustehen, konnte aber auch – wie es bei Fanny zeitweilig der Fall war – Mitleidsgefühle erwecken. Aus dieser Erfahrung heraus versuchte sie, den »Wilden« klarzumachen, daß sie gerne ihr Leben teilte, daß ihr nur die erzwungene Trennung von ihrer Mutter das Herz schwermachte. Dieser Umstand schien sogar das Gemüt des Häuptlings zu rühren, wie Fanny später berichtete. Doch irgendwelche Konsequenzen aus seiner Gefühlsregung ergaben sich nicht.

Fanny Kelly betont in diesem Zusammenhang, daß ihr im Unterschied zu manch anderer Gefangenen weißer oder roter Hautfarbe bei allen Härten und Entbehrungen ihres Daseins sexuelle Erniedrigungen erspart blieben.

Man darf annehmen, daß es sich dabei um eine nur zu verständliche Schutzbehauptung handelte. Fanny soll irgendwann – wie von unbeteiligter Seite verbreitet wurde – in den »Besitz« von Brings Plenty übergewechselt sein, »der sie als sein Weib benutzte«, sie aber respektvoll »Real Woman« nannte. Seine Zuneigung muß sehr tief gewesen sein: Bei den späteren Verhandlungen um die Rückgabe der Weißen mußte angeblich Chief Crawler von der Sioux-Blackfoot-Fraktion Brings Plenty mit vorgehaltener Pistole zur Herausgabe von Fanny zwingen.

Das Verschweigen dieser Details war Fannys gutes Recht. Sie versuchte, die späteren, meist unausgesprochenen Vorurteile gegen eine Frau aus dem Weg zu räumen, die gezwungenermaßen oder freiwillig einem Fremdrassigen, einem »Wilden zu Willen war«, die – ihrem Gatten »treu bis in den Tod« – heldenmütig die eigene Vernichtung in Kauf nahm.

Normalerweise übten sich die Sioux – auch wenn sie sich in dieser Hinsicht nicht die Bestialitäten wie die Comanchen leisteten – gegenüber ihren weiblichen Gefangenen keineswegs in sexueller Zurückhaltung. Sie nahmen sich, was sie für ihr Recht hielten – wenn notwendig, nahmen sie es sich mit Gewalt.

Bleiben wir trotzdem bei Fannys Version: Vielleicht interessierte sich ihr »Ersteigentümer«, der Häuptling Ottowa, dessen Alter sie mit etwa siebzig Jahren angab, wirklich nicht mehr für die »Genüsse des Fleisches« – oder er war inzwischen impotent. Oft litten die Indianer, bedingt durch ihre extreme Lebensweise, bereits mit vierzig Jahren unter diesem Zustand. Vielleicht waren Macht und Einfluß des Alten immer noch so groß, daß sich keiner der jüngeren Männer an seinen »Besitz« herantraute und er selbst in seiner Beute lediglich einen optisch attraktiven und dekorativen Haushaltsgegenstand sah.

Als kleine Episode am Rande registrierte die gefangene Weiße die trotz des Vorhergesagten erstaunliche Tatsache, daß der langsam genesende alte Häuptling offenbar seine amourösen Intentionen nicht ganz abgeschrieben hatte. Er versuchte, obwohl er wie die meisten anderen nach der gnadenlosen Verfolgung durch General Sullivans Truppen praktisch mittellos geworden war, eine neue Gefährtin für seinen Hausstand zu gewinnen. Seine Absichten zielten auf Egosegaloniche, die junge Tochter eines bedeutenden, sehr angesehenen Kriegers. Da Ottowa außer dem Renommee vergangener Tage nichts besaß, um seiner Werbung eine materielle Grundlage zu geben, mußte Fanny ihre Schuhe hergeben. Damit versuchte der alte Freier, die Erwählte in seinen Hausstand zu locken. Die junge rote Frau schien geschmeichelt und erschien alsbald regelmäßig im Tipi des Häuptlings, »um diesen auf das Liebenswürdigste zu unterhalten«, wie Fanny Kelly schreibt. Leider hatte das Geplänkel für die

Weiße den Nachteil, daß sie nach und nach auf einen Teil ihrer übrigen zivilisierten Garderobe verzichten und durch indianische, aus Hirsch- und Büffelleder gefertigte Kleidungsstücke ersetzen mußte. Ihre eigenen Sachen gingen prompt in den Besitz der neuen »Flamme« des Häuptlings über.

Das widerspricht keineswegs der vorher geäußerten Spekulation über die Potenz des alten Würdenträgers, sondern möglicherweise einem strategischen Kalkül. Wollte Ottowa den ebenfalls um die Häuptlingswürde buhlenden und mit ihm rivalisierenden Krieger zu seinem Verwandten machen und somit auf seine Seite ziehen? Es ist noch gar nicht so lange her, daß dieses Verfahren unter den Potentaten anderer, sogenannter höherer Zivilisationen durchaus gang und gäbe war.

*

Aus irgendeinem Grund war den Oglalla der Nutzen des schriftlichen Ausdrucks, der Kunst des Schreibens aufgegangen. Sie zeigten sich hochinteressiert, und Fanny Kelly mußte weitläufige Erklärungen abgeben. Sie nutzte auch hier ihre Chance, sich bedeutsam, wenn nicht gar unentbehrlich zu machen. Aus einer bleiernen Geschoßkugel fertigte sie einen Bleistift, schrieb Briefe und Botschaften: um einen Händler zu einem bestimmten Treffpunkt zu bestellen, Waren anzufordern, Tauschartikel anzubieten, aber auch um Lösegeldforderungen zu formulieren. Die Weiße kam in ihren Aufzeichnungen nicht umhin, das phantastische Gedächtnis und die enorme Lernfähigkeit ihrer »Schüler« zu bewundern.

Umgekehrt hielt diese Arbeit Fannys Geist lebendig; sie bewies weiter einen starken Widerstands- und Selbstbehauptungswillen und wehrte sich bewußt gegen schicksalergebenes Dahintreiben. Ein Indiz dafür: Im Gegensatz zu den Sioux führte sie Buch über die Tage, die Wochen und Monate. Die Indianer behalfen sich in dieser Hinsicht mit dem Hinweis auf die Position der Sonne zum entsprechenden Zeitpunkt. Die Anzahl der Tage definierten sie mit »Schlafzeiten«, die nächste Einteilung mit den Mondphasen – wie der »moon of raccoons«, der »Monat der Waschbären«: der Februar; »the sore eyes moon«, der »Monat der tränenden Augen«, mit dem sie den März bezeichneten, weil sie den Winter über zuviel am Feuer gesessen hatten; den »bursting buds moon«, der »Aufbruch der Knospen« oder April; »animals fatten«, »Wenn die Tiere fett werden«, der Juni ... Die weiteren Einteilungen waren die Jahreszeiten »Wenn das Gras in Fülle wächst« und schließlich die Jahre, wenn sie beispielsweise von »zehn Wintern zuvor« sprachen.

*

Fanny Kelly hielt in ihrem Buch fest, daß »das Wesen der meisten Indianerinnen geprägt ist von einer natürlichen Bescheidenheit, die im Widerspruch zu der rauhen und wilden Lebensform steht«.

Bei aller Bescheidenheit warteten die herangewachsenen Sioux-Mädchen keinesfalls passiv ab, was auf sie in ehelicher Hinsicht zukommen mochte. Es gab im Lager und unterwegs genug Gelegenheiten, einem jungen Mann mehr oder weniger subtil klarzumachen, er und kein anderer sei der Auserwählte. Der geeignete Zeitpunkt dazu war in der Regel das weiche, romantische Zwielicht des Sonnenuntergangs, wenn die Mädchen zum Fluß hinunter zum Wasserschöpfen gingen. Selbstverständlich fanden sich da und dort auch die jungen Männer ein. Keuschheit vor der Ehe stand zwar hoch im Kurs, aber Gelegenheit macht Diebe.

Manch junge Squaw, deren Verwandtschaft hinsichtlich ihrer Heirat andere Absichten als sie selbst hegte, nutzte die erstbeste Chance und ließ sich von dem Mann ihrer Wahl »entführen«. Auch wenn sie ohne das Einverständnis ihrer Familie ihren Angebeteten zu einem längeren Jagdausflug begleitete, galt sie danach als dessen Frau. Damit brach sie die Familienbande, doch meist nicht auf immer und ewig. Irgendwann kehrte sie mit ihrem Mann in den schützenden Schoß der Verwandtschaft zurück, und alles war vergeben und verziehen. Gelegentlich folgten andere junge Männer und Frauen dem Beispiel von Entführer und Entführter und bauten gemeinsam mit diesen die Kernzelle eines eigenen Stammesverbandes innerhalb der großen Sioux-Nation auf.

Hoch im Kurs standen bei den jungen Frauen vor allem jene Krieger, die ihre Feuertaufe bereits erfolgreich hinter sich hatten und ein entsprechendes Renommee genossen. Ebenso rangierte ein guter, erfahrener Jäger weit oben auf der Werteskala, selbst wenn das Einbringen von reicher Beute härtere Arbeit für die Frau mit dem Zerwirken des Fleisches und dem Präparieren der Felle hieß. Auch der tüchtige Pferdedieb stand in bemerkenswertem Ansehen. Die Größe der Ponyherde eines Mannes war einziger sichtbarer Ausdruck seines Reichtums, daneben von Mut und Gewitztheit.

Wenn dagegen ein Häuptling oder angesehener Krieger seinen Hausstand auf mehrere Frauen erweitern wollte, nahm er als Zweit-, Dritt- oder weitere »Gattinnen« meist Schwestern seiner »Hauptfrau« auf. Den »Standardpreis« entrichtete er für eine weder besonders attraktive noch durch die Herkunft bevorzugte Braut mit dem Gegenwert eines Pferdes.

Mit der Zusammenführung von Schwestern in einem Haushalt blieben die Familienbande bestehen. »Denn«, so schrieb Fanny Kelly etwas von oben herab, »manche der Frauen sind äußerst rebellisch und von aufbrausendem Temperament. Sie betrachten ihr Leben als eine Form der Sklaverei; sie werden mitunter wie Tiere geschlagen, mit keinerlei Zuneigung bedacht und benehmen sich entsprechend.« Die Berichterstatterin führte weiter aus: »Auch Squaws können nicht glücklich zusammenleben, wenn ihr Interesse am gemeinsamen Gatten nicht einmal anteilig erwidert wird. Polygamie ist nun einmal unvereinbar mit dem weiblichen Charakter – in der Barbarei wie in der Zivilisation.«

Ein besonders findiger rothäutiger Pascha hatte das von seinem Standpunkt her bestehende Problem nervender, weiblicher Quengeleien gelöst, indem er seine Frauen in gesonderten Tipis unterbrachte. Von den verschiedenen Büffelfell-Lagern seines Harems führten unterschiedlich markierte Lederriemen in sein eigenes Zelt. Wenn dieser Macho sich der Gesellschaft einer bestimmten Frau erfreuen oder ihr eine Aufgabe übertragen wollte, brauchte er nur an dem entsprechenden Riemen zu ziehen, und die Gewünschte hatte im Eingang des hochherrschaftlichen Tipis zu erscheinen.

Das Leben der Indianerinnen war kaum ein mit duftenden Rosenblättern gefülltes Lager. Wenn auch unausgesprochen, mag manche »ihn« verwünscht und gedacht haben: Möge »seine« Seele ewig im Reich der Schatten wandeln, möge ihr der Blick auf die saftigen Büffelweiden des Paradieses auf immer verwehrt bleiben!

Dem widersprechen andere Berichte, die von gegenseitigem Respekt, von Zuneigung und eindrucksvoller

Harmonie unter den verschiedenen Frauen eines Haushaltes sprechen. Es mag wie im heutigen Leben gewesen sein: Nicht jedes Individuum verbreitet unter seinen Mitmenschen Behaglichkeit, und nicht immer ist das Verhältnis zwischen Mann und Frau, sondern auch von Frauen wie Männern untereinander von Liebenswürdigkeit und gegenseitiger Toleranz geprägt.

Natürlich wurden junge Frauen von Männern im entsprechenden Alter auch regelrecht umworben und gefreit, doch häufiger war der einfache Brautkauf. Wenn die Braut recht attraktiv, von gewinnendem Wesen war und aus einer reputierlichen Familie stammte, mußten beide Formen der Werbung praktiziert werden.

Der Kandidat putzte sich aufs Vorteilhafteste heraus. Er wollte Eindruck schinden und wußte, daß in den Augen des Objektes seiner Sehnsüchte Äußerlichkeiten ebenso zählten wie in seinen eigenen. Die junge Frau empfing ihn mit vorgetäuschter oder wirklicher Schüchternheit. Die Werbung selbst ging sehr diskret vor sich: Die beiden saßen meist schweigend nebeneinander, während der Freier sporadisch kleine Geschenke, häufig mit symbolischem Charakter, hervorholte und ihr überreichte. Sie konnten Zuneigung signalisieren, physische Stärke, Tapferkeit, eine sichere und glückliche Hand bei der Jagd und dergleichen. Akzeptierte das Mädchen die Gaben, bedeutete das ihr Einverständnis zur Heirat. Sollte sich die Wahl des Mannes oder auch der Frau in der Folge als Fehlgriff erweisen, verließ sie ohne weitere Erklärungen sein Tipi und kehrte zu ihren Verwandten zurück. Umgekehrt schickte der Mann die Frau einfach weg, wenn sie sich in seinen Augen als zu widerborstig, faul oder aufsässig erwies. Ob er seine Geschenke oder den Brautpreis wieder einforderte, war Sache des Stolzes und seines Wohlstandes.

Das einzige nach der Etikette der Sioux öffentlich sicht- und vorzeigbare Zeugnis der männlichen Zuneigung war das »Frisieren« der Frau. Der Mann kämmte ihr die Haare und flocht kunstgerecht ihre Zöpfe; diese Aufmerksamkeit hatte jedoch keinen Anspruch auf allgemeine Gültigkeit.

Selten nur richteten in der Öffentlichkeit die Männer ihr Wort an ihre Frauen oder umgekehrt. Frauen sprachen mit Frauen und Männer mit Männern - niemand erwartete vom Partner die ungeteilte, personenfixierte Aufmerksamkeit.

Wie schon angedeutet, waren die Frauen der Sioux und anderer Präriestämme weit weniger gebärfreudig als ihre weißen Schwestern. Zwei, drei Kinder war der Durchschnitt, während seinerzeit, vor allem in den ärmeren Schichten, dutzendköpfiger Nachwuchssegen bei den Weißen keine Seltenheit war. Die Natur und letztlich sinnvolle Tabus trafen unter den »Primitiven« Vorsorge. Es bestand eine vernünftige Balance zwischen den vorhandenen Ressourcen und den zu versorgenden Menschen.

In vielen Fällen brachte die Frau ihr Kind in einem speziell für diesen Zweck errichteten Tipi ganz allein auf die Welt, in anderen half ihr eine oder mehrere »Hebammen«. Sie verwahrte die Nachgeburt, schlug sie in ein Bündel ein und »bestattete« sie im Geäst eines Baumes. Die Nabelschnur wurde aufbewahrt und mitunter in einem zukünftigen Spielzeug versteckt. Nach der Geburt nahm die Mutter umfangreiche Waschungen vor, denen sich die Frauen auch nach der Mensis zur Befreiung von bösen Geistern unterzogen. Die Indianerinnen schienen unter den sogenannten kritischen Tagen weniger zu leiden als weiße Frauen, berichtete Fanny Kelly erstaunt. Vielleicht schenkten die roten Schwestern dem Vorgang als »unabänderlicher Unpäßlichkeit« weniger emotionale Beachtung, vielleicht waren sie in dieser Hinsicht wirklich von der Natur privilegiert.

Das Kind - »papoose« - wurde in ein mit Moos gefülltes Wiegenbrett - »poshtan« oder »cradle board« - gesteckt, das seine Tanten zuvor gefertigt hatten. Erst wenn der Nachwuchs rund einen Monat alt war, wurde er dem Vater präsentiert.

Wurde ein Kind als Krüppel geboren, so tötete es die Mutter rasch und ohne Aufsehen. Ein Grund, weshalb unter den Sioux und anderen Stämmen kaum behinderte oder verwachsene Menschen angetroffen wurden.

Die Kinder, Jungen wie Mädchen, erhielten erst einen Namen, nachdem sich gewisse Charakterzüge oder mit ihnen zusammenhängende beziehungsweise von ihnen ausgelöste Ereignisse manifestierten. Zuvor wurden sie von der Mutter als »Mitawa« - »Mein Eigen« oder ähnlichen Koseworten bedacht. In Fanny Kellys Augen waren diese Namen mitunter absonderlich und manchmal vulgär. Wie bereits erwähnt, war es dagegen undenkbar, Kinder anzuschreien oder gar zu züchtigen.

In ihrer Erziehung spielten meist die Großmütter eine bedeutsame Rolle. Da die Mutter mit ihrem übrigen Aufgabenbereich ohnehin ausgelastet war, erzogen die alten Frauen ihre Enkel nach sehr altüberkommenen, subtilen, wirkungsvollen Methoden. Denn, ein Beispiel, schreiende Kinder »beklagen sich, weil sie noch nicht sprechen können« und schaden dem Ansehen der Mutter. Erstaunt berichteten weiße Besucher, wie still sich Indianerkinder schon im frühen Alter verhielten. Mit drei Jahren begann man, ihnen mit unendlicher Geduld und ständigen Wiederholungen das Sprechen beizubringen, damit sie nicht »ieshni«, also stumm, blieben. Ihr Verhalten wurde immer wieder behutsam korrigiert. Statt Strafe war gutes Zureden angesagt. Die Kinder sollten nicht mit Worten überflutet und nur zur Schlafenszeit eingelullt werden, sollten das Gefühl für die Bedeutung der Rede und Sprache gewinnen und sich an das Gehörte erinnern. Bei alledem lernten die Kinder sehr schnell, die eigenen Wünsche zu beherrschen und sich nicht in den Vordergrund zu drängen.

Die Mädchen erhielten kleine Tipis, »parfleche« genannte Lederkästchen, Puppen und ähnliches als Spielzeug. Früh wurde ihnen sittsames Sitzen beigebracht: mit geschlossenen Knien und seitlich untergeschlagenen Beinen auf dem Boden zu hocken, wobei eine Hand als Stütze diente. Man unterwies sie, die Augen gesenkt zu halten und sich in Gegenwart von Erwachsenen nur zu äußern, wenn sie angesprochen wurden. Als eine wichtige Frauentugend galten Unauffälligkeit und Passivität, die den Mädchen schon in früher Jugend nahegebracht wurden.

Sie imitierten ihre älteren Schwestern und die erwachsenen Frauen, mit denen sie auf engem Raum zusammenlebten. Selbstverständlich gab es unter den Sioux-Mädchen vorlaute, unternehmungslustige oder gar rebellische Geschöpfe. Sie wurden geduldet, jedoch keineswegs geschätzt.

Knaben bekamen als Spielzeug Tierpuppen und schon sehr früh kleine Waffen wie Pfeil und Bogen, hölzerne Tomahawks und Messer. Auch sie ahmten das Verhalten der Erwachsenen nach. Sie mußten ebenfalls lernen, wie man sich respektvoll den Verwandten und übrigen Stammesmitgliedern näherte. Es galt als unschicklich, jemanden mit seinem Namen anzusprechen. Statt dessen gebrauchte man die Anrede Onkel, Tante, Cousin, Cousine oder wählte eine Umschreibung. Den Knaben wurde zwar mehr nachgesehen als den Mädchen, doch hatten auch sie sich früh in die Regeln der Tipi-Etikette einzufügen, ohne die ein Zusammenleben der Generationen auf diesem engen Raum unmöglich gewesen wäre.

Im fortschreitenden Alter verschwanden die Kindheitsnamen und wurden nach den Traumvisionen der Heranwachsenden durch andere ersetzt. Danach blieben sie in der Regel auf Dauer haften.

*

Durch die permanente Bedrohung und die unablässigen Militäraktionen der Amerikaner wurde der Lebensrhythmus der Sioux nachhaltig gestört und beeinträchtigt. Das Leben der Indianer und damit auch Fanny Kellys Dasein wurde unstet und hektisch. Die Männer konnten sich nicht mehr ausreichend der Jagd widmen, sondern mußten auf die Aktionen der Blauröcke reagieren. Das wiederum bedeutete eine Minderung der Lebensqualität oder, anders ausgedrückt, längere Hungerperioden, schlechtere Unterkünfte, reduzierte Möglichkeiten, Felle gegen Waffen, Munition und Haushaltsgeräte einzutauschen. Also hielten die Indianer zwangsläufig nach möglicher Kompensation Ausschau, inszenierten Überfälle und Raubzüge, die wiederum Vergeltungsaktionen der US Army zur Folge hatten. Ein Teufelskreis, aus dem es kein Entrinnen gab.

Hunger, Durst, Überanstrengung und Todesfurcht nagten auch an der Physis und Psyche Fanny Kellys. Trotzdem reflektierte sie in ihrem Bericht mit keinem einzigen Wort, daß ursprünglich die Feldzüge zur »Befriedung«, sprich Unterwerfung der Eingeborenen durch die US

Army, für diese Lage verantwortlich waren. Sie geißelt lediglich die Profitsucht der von der Regierung lizensierten Händler, die den Roten für die industriellen Produkte der Weißen überteuerte Preise abforderten. Fanny erkannte nicht – oder unterließ die Erwähnung bewußt –, daß der indianische Lebensraum immer enger wurde, ihre Quellen, aus denen sie schöpften, immer dünner rieselten.

Die Gefangene sah einen Hoffnungsschimmer, als Porcupine (»Baumstachler«), ein fremder Indianer, auf einem guten Pferd und gepflegt gekleidet, auftauchte, freigebig Geschenke verteilte und der Weißen einen Brief von Captain Marshall der Ohio Cavalry aushändigte. Beim Lesen explodierte sie förmlich vor Freude: Wie der Offizier die bisherige Erfolglosigkeit seiner Bemühungen um ihre Auslösung bedauerte und gleichzeitig erklärte, der fremde Indianer habe gegen entsprechende Geschenke und eine im Erfolgsfall erhöhte Belohnung zugesagt, sie mitzunehmen und dem Schutz der Army zu überstellen. Weiter bemerkte er, die drei Frauen dieses Kriegers würden als Geiseln im Fort festgehalten und für die Einlösung seines Auftrages stehen.

Doch Porcupine schien sich vorerst einmal mit dem erhaltenen »Vorschuß« zufriedenzugeben. Statt Fanny zurückzubringen, versprach er den Mitgliedern des Council, sich an den erneuten Kriegsvorbereitungen der Oglalla gegen die Blauröcke zu beteiligen. Das Schicksal Fannys schien ihn ebensowenig zu berühren wie das seiner eigenen Frauen.

Eine gewisse Rolle spielte sicher, daß Häuptling Ottowa nicht auf seinen »Besitz« verzichten wollte. Um aus dem Dilemma herauszukommen und seine Frauen auszulösen, faßte Porcupine den Plan, ins Fort zurückzureiten und zu erklären, die weiße Gefangene sei gestorben beziehungsweise spurlos in der weiten Prärie verschwunden. Als Fanny dagegenhielt, die Soldaten würden angesichts dieser schlechten Nachricht seine Frauen töten, schüttelte Porcupine höhnisch lachend den Kopf und erwiderte unverfroren, die Weißen seien ausgemachte Feiglinge: Sie brächten es nicht einmal fertig, eine Frau umzubringen - und ritt lachend davon.

*

Fanny war verzweifelt. Doch dann nahm sich des Häuptlings neue Gefährtin Egosegaloniche ihrer an und führte sie ein Stück abseits vom Lager, wo sie niemand belauschen konnte.

Etwa 50 Meilen entfernt, so flüsterte die junge Rothaut Fanny zu, seien weiße Männer in blauen Röcken mit vielen hellschimmernden Knöpfen, mit großen Donnerrohren und Wagen, die von Pferden mit großen Ohren, Maultieren also, gezogen würden. Ob Fanny mit diesen Männern Kontakt aufnehmen wolle?

Die junge Weiße war aus Erfahrung vorsichtig geworden; sie zweifelte an der Aufrichtigkeit dieser Avance. Sie glaubte nicht an das Mitleid ihrer roten Schwester, sondern witterte eine Falle. Vielleicht wollte Egosegaloniche sie als Rivalin um die Zuneigung des Häuptlings ausschalten? Oder sollte sie Fanny im Auftrag ihres gemeinsamen Herrn auf die Probe stellen und mögliche Fluchtabsichten erkunden?

Die weiße Gefangene antwortete ausweichend, erklärte, das Dasein der Indianer sei für sie zwar ungewohnt, doch hege sie keinerlei Absichten, sich in die Obhut der Blauröcke zu begeben.

Fanny sollte mit ihrer Vorsicht richtig liegen. Sie verstand inzwischen recht gut den Dialekt der Oglalla und glaubte die Wahrheit herauszuhören, als Egosegaloniche dem Häuptling über das Resultat ihrer Bemühungen berichtete.

Erbittert über die Hinterlist, drehte Fanny bei nächster Gelegenheit den Spieß um und steckte dem Häuptling, seine »Braut« habe sie zur gemeinsamen Flucht zu überreden versucht, um im Fort mit den Soldaten ein angenehmes Leben zu führen.

»Der alte Häuptling setzte ein grimmiges Lächeln auf, und Egosegaloniche verließ vollkommen verwirrt sein Tipi«, schrieb Fanny. Scharfsichtig – oder nur scharfzüngig? – urteilte sie: »Die böse Eigenschaft der Verleumdung lebt wie ein giftiges, zusammengerolltes Reptil in diesen Indianerfrauen. Wenn die Wahrheit nicht erkannt wird, dann wird die Erfindung als Ersatz herangeholt – so wie das auch mit unseren bleichhäutigen Schwestern der Fall ist. Die Indianerinnen lieben den Skandal über alles und gleichen in dieser Hinsicht den sogenannten höheren Ständen der zivilisierten Gesellschaft.«

Inzwischen tauchte Porcupine wieder auf und wiederholte, es ständen Unsummen Lösegeld für die weiße Gefangene bereit. Die Sioux kamen darüber offenbar ins tiefe Grübeln, und bestimmt wollten einige unter ihnen aus den gegebenen Umständen ihren persönlichen Vorteil ziehen. So erklärte der Krieger White Tipi durch die heimliche Vermittlung seiner Frau, Fanny bei der Flucht helfen zu wollen.

Fanny erkannte die ernste Absicht dieses Mannes, wenn seine Motive auch egoistisch waren. Sie wußte um die Gefahr, aber sie wollte alles auf eine Karte setzen und ihre Chance nutzen.

Der erste Versuch scheiterte, weil Fanny, wie inzwischen immer öfter, in der entscheidenden Nacht den Bewohnern des Camps vorsingen mußte. Beim zweiten Mal fand im Häuptlings-Tipi ein großes Besucherpalaver statt; Fannys Abwesenheit wäre aufgefallen.

In der dritten Nacht endlich schien das Vorhaben zu gelingen. Als Fanny nach draußen ging, zischte ihr eine dunkle Gestalt ins Ohr: »Komm mir nach!« Es war White Tipi.

Sie schlichen vorsichtig ein paar Schritte durch das dunkle Lager, dann sprang der Rote plötzlich lautlos zur Seite und wurde von der Dunkelheit verschluckt. So schnell sie konnte, rannte Fanny zurück zum Zelt des Häuptlings. Der Fluchtversuch blieb glücklicherweise unentdeckt und hatte keinerlei negative Folgen. White Tipi gab später keine Erklärung für sein plötzliches panikartiges Verschwinden, versicherte Fanny aber weiterhin seiner Freundschaft und versprach spätere Hilfe.

*

Fanny Kelly schien trotz allem so etwas wie ein Zugehörigkeitsgefühl zu dem Häuptling und seiner stark verminderten Entourage entwickelt zu haben. Als sie sich – ohne die Gründe zu nennen – eines Tages von Ottowas Hausstand getrennt fand und nicht einmal mehr ihre kleine Gefährtin Yellow Bird um sich hatte, fühlte sie sich entsetzlich einsam und am Rande der Verzweiflung. Ausgerechnet ihre »Ersatztochter« sollte sie aufstöbern und an den »heimatlichen Herd« zurückbringen. Für Fanny war die Rückkehr einer der wenigen Glücksmomente ihrer Gefangenschaft.

Wieder machte sie die Bekanntschaft einer weißen Frau. Doch diese war, im Gegensatz zu der Gefangenen des Minnesota-Massakers, als kleines Mädchen dem Indianer Black Bear in die Hände gefallen, war zufrieden und glücklich unter den »Wilden« aufgewachsen. Sie hatte alsbald ihre eigene Sprache, ihren Namen, ihre Herkunft vergessen und erinnerte sich nur noch daran, daß sie eben anders als die Indianerinnen - daß sie eine Weiße - war. Black Bear gewährte ihr Schutz und Auskommen und nahm sie im heiratsfähigen Alter zur Frau. Wie ihre roten Schwestern genoß sie vor allem das Bemalen und Aufputzen für die Tänze; sie vermißte nichts, bemängelte nur die Tatsache, daß Black Bear sie bei seinen Besuchen bei den Händlern oder im Fort zurückzulassen pflegte - als Vorsichtsmaßnahme, daß kein unberufenes Auge ihre Herkunft erkannte. Fanny war übrigens die erste Weiße, die diese Frau bis dahin zu Gesicht bekommen hatte.

Anders erging es einem Jungen aus Illinois, der im Alter von sieben Jahren von den Indianern entführt worden war. Als er, noch im Knabenalter, durch einen unglücklichen Zufall und unbeabsichtigt bei den üblichen wilden Spielen einen Gefährten tötete, flüchtete er auf einem Pony zu den Weißen. Er konnte sich aber mit deren Lebensweise nicht mehr anfreunden, kehrte zu seinem Adoptivvolk zurück, sollte später ein geachteter Händler werden und eine wichtige Rolle als Dolmetscher zwischen Weiß und Rot spielen.

Dies waren keine Einzelfälle. Es gibt Dutzende von Beispielen, wie geraubte weiße Kinder im späteren Leben mit ihrer indianischen Rolle zufrieden und vielleicht sogar glücklich waren. Sie dachten und handelten als Rothäute; viele wurden zu geachteten und begehrten Frauen oder bewunderten Kriegern. Wenn sich die Möglichkeit ergab, lehnten fast alle die Rückkehr in die Gemeinschaft ihrer weißen Rassegenossen ab.

Anders stand es mit weißen Frauen oder Männern, die als Erwachsene in Gefangenschaft gerieten. Mit dem Erreichen eines gewissen Alters scheint der Mensch nicht mehr die innere Kraft zu haben, aus einer - wenn auch bescheidenen und vielleicht verlogenen, miefigen - Zivilisation auf Dauer wieder zum Status eines Ur- oder Naturmenschen zurückzukehren und dessen Lebensform zu teilen.

*

Wieder blieb der Grund unklar: Die Oglalla gaben Fanny Kelly mit ihrer jungen Gefährtin Yellow Bird an die Hunkpapa Sioux weiter - an den Stamm des berühmten Häuptlings Sitting Bull. Bei den Hunkpapa hatten viele Santee-Dakota nach der blutigen Minnesota-Rebellion vor der Rache der Weißen Zuflucht gefunden. Zahl und Bedeutung dieser Gruppierung war dadurch beträchtlich gestiegen. Diente Fanny als lebendes Geschenk, das die Freundschaft zwischen den beiden Sioux-Fraktionen bekräftigen sollte? Obwohl sie später nichts darüber berichtet, muß sie den Weg des großen Chief Sitting Bull mehrfach gekreuzt haben.

Wieder fand die Weiße Unterkunft bei einem bewährten alten Krieger und seinen vier Frauen. Zu ihrem Entsetzen fiel ihr dabei ein Spiel in die Augen, bei dem der Indianer die abgetrennten und ausgekochten Fingerglieder der von ihm getöteten Feinde als Einsatz benutzte. Spielen war - laut Fanny - neben Jagd und Krieg die große Leidenschaft der Männer, doch auch die Frauen verbrachten damit Tage und Nächte, vernachlässigten darüber alles andere und vergeudeten oft ihre gesamte Habe.

*

Fanny Kellys Versuche, während ihres Zwangsaufenthalts das Wesen der Indianer zu begreifen, scheinen recht oberflächlich oder sind durch ihre verständliche Abwehrhaltung überdeckt worden. Man darf nicht vergessen, welchen Demütigungen, Zwängen, Ängsten und welchem - subjektiv gesehen - Unrecht sich die Gefangene ausgesetzt sah. Ihre Ansichten über Indianer lesen sich ohnehin recht ambivalent. Manchmal bewunderte sie die Sioux, dann wiederum bewies sie nichts als Überheblichkeit und Verachtung. Damit unterscheidet sich ihr Urteil kaum von den Klischeevorstellungen der übrigen zeitgenössischen Weißen. In ihrem Buch ist zu lesen:

»Instinkt eher denn Ratio bestimmt das Handeln der Rothäute. Sie lehnen jeden Fortschritt ab und verachten schwere körperliche Arbeit. Seit Generationen ist ihr Wesen in moralischer Hinsicht verdorben. Zum Beispiel ist die von ihnen getragene Decke ein unüberwindliches Hindernis, die Hürde zum Leben eines Ackerbauern zu überwinden. Erst wenn sie diese Decke ablegen - die immer von einer Hand zusammengehalten werden muß -, wird es ihnen möglich sein, die Werkzeuge des Bauern zu ergreifen und den Pflug zu führen. Die Kleidung der Weißen übt auf sie eine gewisse Faszination aus, wird aber andererseits aus sowohl persönlichem wie auch rassistisch-kollektivem Stolz heraus abgelehnt. Sie tragen keine Hüte, bedecken statt dessen ihre Köpfe mit Federn und groben Ornamenten. Eine schwere Masse von Ketten und Bändern liegt um ihren Hals. Häufig ist der äußere Teil ihrer Ohren von Löchern durchbohrt und mit Silberschmuck oder ähnlichem behängt.

Der Rote unterwirft jegliches Tun seinem Erfolgs- oder Besitzdenken; freundlichere, humane Gefühle gehen ihm völlig ab. Er ist undankbar, heuchlerisch, verräterisch. Er hält sich an Versprechen, Verträge und so weiter nur solange, wie es für ihn von Vorteil ist oder es die Angst vor Repressalien gebietet. Grausamkeit scheint ihm angeboren und zeigt sich schon in jungen Jahren, wenn die Kinder Vögel, Schildkröten oder jedes andere ihnen in die Hände gefallene kleine Tier quälen. Sie scheinen sich an seinem Schmerz zu delektieren ebenso wie die Erwachsenen an dem ihrer Gefangenen. Sie sind obstinate Bettler; sie geben von sich aus nur etwas in der Aussicht auf ein Gegengeschenk mit höherem Wert.«

Ein harsches Urteil - zu dem einiges zu sagen ist. Gewiß waren die Indianer alles andere als »edle Wilde«, gewiß gab es unter ihnen all das Böse, das die Berichterstatterin beschreibt. Aber es gab ebensoviele Beispiele für Großherzigkeit, bedingungslose Freundschaft und Zuverlässigkeit. Fanny übersieht ferner, daß alle Anstrengung, alles Tun und Handeln dieser Menschen bis vor wenigen Generationen einer einzigen Prämisse unterworfen war: dem schlichten Überleben.

Die Roten verhielten sich von der eigenen Warte her durchaus ehrenhaft: Wahrheitsliebe, Zuverlässigkeit, Einhalten von Versprechen, Großzügigkeit, Verständnis galten nach ihrem Moralverständnis nur der eigenen Sippe gegenüber, mit Abstrichen auch dem eigenen Stamm. Bei Verhandlungen mit Fremden oder gar dem Feind galten keinerlei moralische Vorbehalte. Da konnte nur derjenige Ansehen und Bedeutung erlangen, der den Gegner kräftig und mit allen Mitteln hinters Licht führte.

Fanny Kelly übersah ebenfalls, daß manch scheinbare Charakterlosigkeit aus Umständen geboren wurde, für die niemand anders als die Weißen verantwortlich waren. Die Roten folgten mit ihren unterschiedlichen Moralvorstellungen lediglich manch bösem, ihnen vorgelebtem

Beispiel. Wie die meisten Weißen einst und jetzt machte Fanny Kelly es sich zu einfach. Sie maß ihre »Gastgeber« mit ihrer eigenen Elle und fällte ein vorschnelles Pauschalurteil.

»Ihr rascher Wechsel von Gelächter und Freude zu Ärger und Wut bestürzte mich«, so Fanny Kelly. »Ich wußte nicht, wie ich mit ihnen zurechtkommen sollte. In einem Augenblick schienen sie liebenswert und freundlich, im nächsten änderte sich ihr Verhalten, wenn ihnen irgend etwas an mir mißfiel. Dann änderte sich ihr Gesichtsausdruck von einem Augenblick auf den anderen in Haß und Bösartigkeit. Einmal gaben sie sich wie unbeschwerte Kinder und im anderen wie schwarze Höllendämonen.«

Wenn den Indianern unerschütterliche Würde, Selbstbeherrschung und Gelassenheit nachgesagt wird, so galt das in erster Linie für »öffentliche Anlässe«, bei denen sie in jeder Hinsicht ihr Gesicht wahren mußten – was ihnen meist auch gelang. Innerhalb der Wände ihrer Tipis sah es anders aus: Da gestatteten sie sich durchaus spontane, impulsive und emotionale Reaktionen, was sowohl positive wie negative Auswirkungen haben konnte. Mißstimmungen und böse Reaktionen wurden wohl auch ausgelöst, wenn Fanny, wie sie zugibt, aus ihrer Unkenntnis heraus Ungehöriges tat oder sogar Tabus verletzte. Die Ereignisse kurz nach ihrer Gefangennahme sprechen für sich, genau wie das im nächsten Absatz von ihr selbst beschriebene Geschehen:

»Diese Menschen sind dafür bekannt, wie außerordentlich gut sie Anstrengung und physischen Schmerz ertragen. Aber ich habe sehr oft über die Angst nachgedacht, die sich unter den als so tapfer angesehenen Barbaren immer wieder zeigt und von der sie ständig beherrscht zu sein scheinen. Trotzdem gilt Tapferkeit als höchste Tugend, Feigheit als unverzeihliche Sünde. Schweben sie in Todesgefahr, scheinen sie in düsteres, besessenes Verleugnen ihres unabwendbaren Geschicks zu verfallen, statt sich einsichtig darauf einzustellen. Meist täuschen sie ihre Haltung nur vor, ohne sie wirklich zu verinnerlichen.«

Auch hierzu bedarf es einiger Erklärungen. Die roten Krieger waren in ihrem Sinne tapfer; sie standen durchaus in den gefährlichsten Situationen ihren Mann. Andererseits war ihr Handeln durch – für eine Weiße unbegreifliche – Visionen, Omen, Träume und deren mystische Deutungen mitbestimmt. Dabei hatte jeder Krieger von diesen unbegreiflichen Phänomenen seine ganz eigene, persönliche Vorstellung. Sie waren für Fremde nicht zu entschlüsseln, konnten sie selbst jedoch in höchste Euphorie oder in tiefste Depression versetzen. Zudem fehlte ihnen der eingedrillte Kadavergehorsam der damaligen weißen Soldaten, der diese unbeirrbar und mit offenen Augen in den sicheren Tod marschieren ließ.

Fanny Kelly notierte weiter: »Von früher Jugend an schätzen sie den Krieg über alles andere. Sie kennen kaum andere Ambitionen, sie fiebern den Kriegsgesängen entgegen und setzen alles daran, sich die Adlerfedern zum Zeichen ihrer Tapferkeit zu verdienen. Sie lauschen den Geschichten der Alten, die mit ihren Heldentaten hausieren; sie verzehren sich förmlich nach Kampfesruhm, durch den allein sie sich auszeichnen können. Da diese Stämme weder das Handwerk schätzen noch den Fleiß, werden sie bald durch Krieg, Entbehrung und Krankheiten von der Bildfläche verschwinden.«

In diesem Zusammenhang ist nur von Männern die Rede. Aber die vordergründig von den »Herren der

Schöpfung« geprägten Verhaltensmuster reflektierten und beeinflußten zwangsläufig auch die der Frauen. Schon allein deshalb verdienen Fannys Tiraden Erwähnung. Glücklicherweise hatte sie mit ihrer Prophezeiung im letzten Absatz unrecht. Die Aggressivität der Weißen vermochte zwar die alten Eingeborenenkulturen zu zerstören, doch nicht die Indianer selbst.

*

Auch nach ihrem Wechsel zu den Hunkpapa Sioux mußte Fanny ständig auf der Hut sein. Ihr irisches Temperament und ihr Selbstbehauptungswille führten zu gefährlichen Konfliktsituationen: Als ihr ein paar Blatt Papier und Bleistifte aus einem Beutezug in die Hand gedrückt wurden, begann sie, Soldaten und Indianer zu zeichnen. Die Roten sahen erst erstaunt und bewundernd, wie Konturen auf dem Papier erschienen und Gestalt gewannen, doch erklärten dann großmaulig, welch gewaltige Krieger sie doch seien im Vergleich zu diesen »Weibern in blauen Uniformen«. Fanny ging der Gaul durch – sie zerriß das Papier, warf die Indianerdarstellung ins Feuer und drückte das Bildnis der Soldaten in unmißverständlicher Geste ans Herz. Die Roten sprangen wie von der Tarantel gestochen auf, schlugen auf sie ein, brannten sie mit glühenden Kohlen und erhitzten eiserne Pfeilspitzen zu weiteren schlimmeren Mißhandlungen. Fanny hatte ihren Stolz verletzt und mußte mit Engelszunge die Gemüter wieder besänftigen, um den schlimmsten Torturen zu entgehen.

Eine Hauptbeschäftigung der Gefangenen war die Herstellung von Kinickkinnick, der zerriebenen Rinde der Rotweide, die die Indianer während ihrer Zeremonien unter den Tabak mischten oder statt dessen rauchten. Darüber hinaus fanden auch die Hunkpapa Sioux Gefallen an ihrer Stimme und ihrem Gesang.

Doch Ruhe und Frieden herrschten nur selten im Lager. Besonders schlimm wurde es, als die Hunkpapa den Versorgungstreck eines gewissen Captain Fisk überfielen, 14 Männer töteten und unter anderem einige Fäßchen Whisky erbeuteten. Die Folge war ein Skalp- und Siegestanz, eine ausufernde, gefährliche, trunkene Orgie, die in Mord und Totschlag der Krieger untereinander gipfelte. Wie die meisten Frauen hielt sich Fanny ängstlich im Hintergrund, um von den außer Rand und Band geratenen Männern, die sich diesmal den Ausdruck »Wilde« redlich verdient hatten, nicht vergewaltigt, verletzt oder gar getötet zu werden.

Fisk und die Militärbedeckung des »Wagon Train« hatten sich in der Erwartung weiterer Angriffe in einer Wagenburg aus dem Rest des Trecks verschanzt. Ein Angriff auf diese »Festung« hätte den Indianern große Verluste zugefügt - also versuchten sie es mit einer List. Sie wiesen Fanny an, Fisk einen Brief zu schreiben mit der Beteuerung, sie seien kampfesmüde und gewährten dem Treck freien Abzug. Ihre Absicht war, den Wagenzug relativ risikolos zu überfallen, wenn dieser, weit auseinandergezogen und schwerfällig, über die Prärie rumpelte.

Fanny bemühte sich, in diesem Brief Hinweise auf den geplanten Verrat und ihr eigenes Schicksal zu geben, doch die Rothäute erwiesen sich als mißtrauisch und schlau. Sie zählten die von ihr niedergeschriebenen Worte, ließen sich darüber hinaus jeden Buchstaben erklären - trotzdem gelang es ihrer Gefangenen, eine Warnung zwischen den Zeilen abzusetzen. Der Brief wurde ebenso wie die Antwort außerhalb Schußweite auf einen langen Stock gespießt. Prompt ließ sich Captain Fisk auf nichts Konkretes ein – worauf es die Indianer erneut versuchten. Diesmal durfte Fanny so nahe an die Soldaten heranreiten, daß diese sie als Weiße durch ihre Feldstecher erkennen konnten.

In der Folge entwickelte sich eine Korrespondenz zwischen den Parteien, bei der die Soldaten bis zu 800 Dollar für die Freilassung der Gefangenen boten. Doch selbst das führte zu keinem Ergebnis.

Den Weißen gelang die Weiterfahrt schließlich durch eine böse Infamie. Sie wußten um die Vorliebe der Rothäute für Schiffszwieback, deponierten ein paar Kisten davon auf der offenen Prärie, nicht ohne vorher den Zwieback mit Strychnin präpariert zu haben, das für das Vergiften von Wölfen vorgesehen war.

Das »bad bread«, das »verdorbene Brot«, des Captain Fisk tötete mehr Krieger als die Kugeln seiner Soldaten. Im Camp hob großes Jammern und Wehklagen an, währenddessen der Treck unbehelligt seinen Weg fortsetzen konnte. Fanny hatte Glück: Die Indianer sahen in der über sie hereingebrochenen Katastrophe eher die Machenschaft übelgesonnener Geister als die mörderische List der Bleichgesichter, die nach Rache schrie.

*

Immerhin waren die Verhandlungen für Fannys Freilassung ins Rollen gekommen. Fisk bot für die junge Frau drei Wagenladungen von Handelswaren nach Wahl. Die Rothäute lehnten nochmals ab. Für keinen Preis der Welt würden sie ihre Gefangene zurückgeben.

Sie versorgten sich weiterhin auf ihre Art mit Gütern der Weißen: Sie griffen die aus den Minenstädten im

Westen den Yellowstone River herunterkommenden Boote an, töteten die Crews und bemächtigten sich der Ladung.

Jumping Bear, der Fanny schon einmal das Leben gerettet hatte, tauchte wieder auf. Dieser Rote schien ihr ehrlich zugetan, was die Weiße allerdings nur verschlüsselt erwähnt. Wieweit Fanny die Gefühle des »Springenden Bären« erwiderte oder ihm entgegenkam, vermerkt sie wohlweislich nicht. Immerhin brachte sie ihren »Verehrer« soweit, mit einem von ihr geschriebenen Brief mit genauer Darstellung ihrer Lage in den nächstgelegenen Stützpunkt der US Army, nach Fort Sully, zu reiten.

Einmal mehr begannen die Sioux, diesmal sogar ehrlich und ernsthaft und trotz ihrer kürzlich vorgebrachten Weigerung, darüber nachzudenken, wie sie ihre lebende Beute zu ihrem Vorteil nutzen konnten. Allen voran scheint sich der große Stratege Sitting Bull eingesetzt zu haben, Fanny Kelly zu ihren Leuten zurückzuschicken. Er wollte die Amerikaner in Sicherheit wiegen und nicht zum Äußersten reizen. Aber auch ein Sitting Bull brauchte eine Gegenleistung, um seinen Anhängern die Übergabe der Gefangenen schmackhaft zu machen. Langsam kristallisierte sich der Plan heraus, Fanny als Lockvogel vor das Fort Sully zu bringen, auf das Öffnen des Tores zu warten, darauf die verborgenen Waffen zu ziehen, die Wache zu überrumpeln, ins Innere der Befestigung einzudringen und im Kampf Mann gegen Mann den Stützpunkt zu erobern.

Fanny versprach sich in dieser Entwicklung der Dinge eine kleine, aber erfolgversprechende Gelegenheit für ihre Befreiung. Andererseits sah sie sich einmal mehr im Auge des Orkans, schutz-und hilflos den Gewalten ausgesetzt. Ihr Leben würde an einem dünnen Faden hängen, doch besaß sie genügend Mut und Entschlossenheit, das Wagnis einzugehen. Sie verabschiedete sich von der kleinen Yellow Bird, die sie auf all ihren Wanderungen treu begleitet hatte. Über die Gefühle des jungen Mädchens, das sich eng an Fanny angeschlossen hatte und in ihr inzwischen eine geliebte Ziehmutter oder ältere Schwester sah, schweigt sich die weiße Frau aus. Schutz konnte sie bei dem jungen Geschöpf weder suchen noch finden ... und trotzdem hatte Yellow Bird Fanny mit ihrer Zuneigung viel Trost und auch Kraft geschenkt.

Dann ging alles sehr schnell: Unter der Parlamentärflagge erschienen die Indianer mit ihrer Gefangenen vor dem Fort. Die Pforte wurde geöffnet, heraus kamen Offiziere und Dolmetscher. Zusammen mit Fanny Kelly ritten die Häuptlinge ihnen langsam entgegen; in kurzem, scheinbar respektvollem Abstand folgten ihnen die Krieger. Kein Soldat zeigte sich auf den Palisaden. Die Weißen komplimentierten die roten Würdenträger mit ihrer Geisel in das Tor. Noch bevor deren Krieger nachdrängen konnten, schlossen sich wie von Geisterhand die schweren Flügel. Die Überrumplung war gelungen: Fanny Kelly war frei! Dafür waren die Häuptlinge im Fort gefangen und mußten sich selbst als Geiseln betrachten. Die Masse der Krieger war ausgesperrt. Aus den Schießscharten heraus ragten plötzlich Hunderte von auf sie gerichteten Gewehrläufen. Die führungslosen Roten zogen sich zurück und warteten ab.

Die Amerikaner zahlten für Fanny Kelly letztlich lumpige 50 Dollar Lösegeld; zusätzlich übergaben sie den Häuptlingen als Zeichen ihres guten Willens ein paar Lebensmittel und drei schlechte Pferde, bevor sie die roten Anführer zu ihren Männern zurückschickten.

Die über fünf unendlich lange Monate währende Gefangenschaft war für Fanny Kelly damit vorüber. Tragische Ereignisse hatten die Fäden ihres Schicksals für diese Zeitspanne mit dem der letzten in der Freiheit der Prärie lebenden Indianer verknüpft. Die junge Frau hatte oft nur um Haaresbreite überlebt. Sie hatte mehr als einmal Glück gehabt, hatte sich arrogant und unbesonnen verhalten, aber immer wieder eingelenkt – hatte sich letztlich angepaßt, sich auf ihren Verstand besonnen und sich nie selbst aufgegeben.

Fanny Kelly hat uns mit ihren Aufzeichnungen einen zwar nicht vollständigen und erst recht nicht vorurteilsfreien Einblick in die Denk- und Lebensweise der Bewohner der nördlichen Prärien verschafft. Wir können daraus die wichtige Erkenntnis ziehen, daß es zwischen den Welten der Weißen und der Roten seinerzeit keine tragfähige Brücke gab.

Fanny Kellys Mann Josiah starb wenige Jahre nach ihrer Befreiung. Sie betrieb zeitweise ein Hotel in Kansas, ging 1870 nach Washington, um eine Belohnung von 5 000 Dollar für »die Rettung von Fort Sully und dem Wagentreck des Captains Fisk« entgegenzunehmen. Sie heiratete nochmals und starb 1904 in der amerikanischen Hauptstadt.

Anaharoe und Archie Belaney

Anahareo: Das Lebensabenteuer einer Irokesin

Nur selten schien die Irokesin Anahareo aus dem breiten Schatten herauszutreten, den ihr Mann und Partner Grey Owl alias Wäscha-kwonnesin alias Archibald Belaney warf und im angelsächsisch geprägten Kanada immer noch wirft. Grey Owl oder »Grau-Eule« hatte in den dreißiger Jahren als »Aussteiger«, Autor und später als früher Tier- und Umweltschützer auch im deutschen Sprachraum eine große Anhängerschaft gewonnen und für sich und sein Anliegen eingenommen.

Anahareo war die Frau und Partnerin eines Mannes, der sich erst als Sohn einer Apachen-Frau und eines Schotten ausgab, später als reinblütiger Ojibwa-Indianer auftrat und nach seinem Tod als Engländer mit einem gehörigen Schuß Schottenblut in seinen Adern »entlarvt« wurde. Dieser schillernde Typ, seine spätere Berühmtheit, schien alle damaligen Konventionen außer acht zu lassen und die vorgegebenen Maßstäbe zu sprengen. Was uns heute wichtiger ist: Er hat der in den dreißiger Jahren noch nicht einmal in den Kinderschuhen steckenden Umwelt- und Tierschutzbewegung erstaunliche Anstöße gegeben; er hat vielen, die zu sehen bereit waren, die Augen geöffnet.

Anahareo war nicht nur die Frau, Gefährtin und Partnerin des Archie Belaney, sie hat ihm nicht nur bedeutende, wenn nicht gar entscheidende Anstöße gegeben – sie war auch, als Individuum gesehen, eine starke und unabhängige Persönlichkeit. Sie ist mit ihrem Mann durch dick und dünn gegangen, hat sein wildes, unkonventionelles Leben über lange Jahre hinweg geteilt, ist jedoch nie zu seinem Anhängsel verkommen. So hoch der Preis auch sein mochte: Nie hat sie ihre eigenen Ambitionen und Intentionen, ihre Individualität aufgegeben. Auch ihr Leben, ihre Abenteuer bieten Stoff für Anekdoten, Geschichten und Legenden - merkwürdigerweise ist Hollywood noch nicht darauf gekommen. Doch wer weiß ...

Während Archie Belaney anfangs nur vorgab, zur Hälfte Indianer und Schotte zu sein, mischte sich in Anahareo tatsächlich das aufrührerische Blut von zwei ursprünglich unzähmbar geltenden Stämmen der weißen wie der roten Rasse: Anahareo war zu 7/8 Mohawk-Irokesin und zu 1/8 Schottin. Die Mohawk gelten bis heute als aufsässigster und kriegerischster aller Irokesenstämme; der ungebrochene Freiheitsdrang und die Kampfeslust der Schotten sind ohnehin sprichwörtlich.

Wie Anahareo schrieb, war ihre weiße Urgroßmutter Mary Robinson als junge Frau von den Kriegern des Mohawk-Häuptlings Naharrenou gefangengenommen und als Kriegsbeute in sein Lager verschleppt worden. Statt die Weiße an den Marterpfahl zu stellen, nahm der Häuptling sie zu seiner Frau. Sie schenkte ihm zwei Kinder. Kurz darauf wurden Mary und ihr Mann bei einer der häufigen kriegerischen Auseinandersetzungen mit den Weißen getötet. Eine der beiden Waisen - ein Mädchen - fand Aufnahme in einem Kloster in Montreal. Als das Halbblut herangewachsen war, riß es aus, lernte Anahareos indianischen Großvater kennen, heiratete ihn und gebar ihm nicht weniger als elf Kinder.

Sie betrieben 25 Jahre lang eine Farm, mußten diese aber aufgeben, als weiße Grundstücksspekulanten sich ihr Land aneigneten. Anahareos Großeltern - sie verschweigt ihre Namen – zogen weiter in das damals noch unbebaute, wilde Land am oberen Ottawa River, wo sie sich an der alten Kanuroute der Pelzhändler, an der Einmündung des Mattawa, niederließen.

Anahareos Großmutter, die im Kloster nur französisch gesprochen hatte, lernte nach und nach wieder ihre eigene Sprache: irokesisch. Sie gab sich damit nicht zufrieden und begann Bibeltexte, Anekdoten und Geschichten aus der Vergangenheit aufzuschreiben und in die Sprache ihres Stammes zu übersetzen. Das im Kloster erworbene Wissen ermöglichte ihr dabei trotz der ihr vermittelten, einseitig religiös-geprägten Weltanschauung reflektive Ergänzungen.

Ihr geistiger Horizont war ein gutes Stück weiter gezogen als bei den meisten Kolonisten, ob rot oder weiß. Offenbar verstand sie es, dieses Erbe an Anahareo weiterzureichen.

*

Die große Zeit der wilden Raubzüge, das ungebundene Dasein von freischweifenden Jägern und Kriegern war längst vorbei, als am 18. Juni 1906 Anahareo geboren wurde. Die gefürchteten Mohawk schienen domestiziert. Wie die weißen Pioniere der Nachbarschaft beugten auch sie ihre Rücken und bewirtschafteten mit schwieligen Händen ihre Farmen. Anahareos Familie besaß 10 Pferde, 21 Rinder, Felder und Weiden.

Als das Mädchen vier Jahre alt war, starb ihre Mutter. Wie bei den Indianern üblich, wurden die hinterbliebenen drei Halbwaisen unter die nächsten Verwandten verteilt und wuchsen ohne großen Bruch heran. Anahareo blieb unter der Obhut ihrer Großmutter. Großmütter hatten traditionell bei den Indianern in der Kindererziehung bedeutsame Rollen gespielt, waren für die Kleinen oft wichtigere Bezugspersonen als die Mütter, die durch andere Aufgaben - Anfang des 20. Jahrhunderts war es die Feldarbeit - weitgehend beansprucht wurden.

Anahareo gab den Namen der Frau nicht preis, die ihr frühes Leben prägte, doch sprach sie mit hoher, liebevoller Achtung und Bewunderung von ihr, dem schottisch-irokesischen Halbblut. Die Großmutter erzählte ihrer Enkelin Geschichten aus den alten Zeiten, berichtete von Abenteuern, Romanzen und Tragödien. Sie unterwies Anahareo in den damals wichtigen Hausarbeiten des Nähens, Stickens, in der Herstellung von Fäustlingen für den Winter und leichten Mokassins für den Sommer, in der Kunst des Gerbens von Häuten und des Siedens von Seife. Umgekehrt schien die Aufgabe, das junge Mädchen auf ihre Frauenrolle vorzubereiten, sie selbst wieder zu verjüngen - und sei es nur in den Augen des Kindes.

Anahareo wurde eingeführt in die geheimnisvolle Welt der Kräuter-und Wurzelkunde. Sie wurde unterwiesen, daß das Geißblatt bei Krämpfen Linderung verspricht, daß bei Erkältung Dampfbäder aus einem Sud von gekochten Zedernadeln heilen, daß die Borke der Tollkirsche bei vielen Gebrechen Linderung bewirkt und manch anderes mehr.

Die Großmutter nahm die junge Anahareo mit in den katholischen Gottesdienst; sie übertrug ihr die Aufgabe, das Harmonium zu pumpen, während sie selbst spielte und sang.

*

Die junge Irokesin durchlief die Vorbereitung auf die klassische Aufgabenverteilung, die damals Mädchen und Jungen angeblich schon in die Wiege gelegt wurde. Heute wird ein solch geschlechtsspezifisches Ausrichten auf ein späteres Rollenverhalten als Oppression interpretiert, doch in der bäuerlich geprägten Pioniergesellschaft von damals hätte jedes Abweichen von der Norm ein kaum reparables Handikap für das spätere Ehe- und Berufsleben bedeutet.

Anahareo merkte zu ihrer Kindheit an: »Ich hatte das große Glück, daß mich Großmutter erzogen hatte. Ohne sie wäre ich ein echter Teufel geworden.«

Das Idyll Großmutter-Enkelin wurde zerstört, als ein Tante-Onkel-Paar mit seinen vier Kindern auftauchte und die »Erziehung« übernahm, weil die alte Frau angeblich ihren Aufgaben nicht mehr gerecht wurde.

Anahareo flüchtete - zumindest zeitweilig - aus dem kalt gewordenen Nest. Sie suchte und fand eine alte, verlassene Hütte, tief im Wald verborgen, wo sie sich ihre eigene kleine Welt schuf. Sie schwänzte die Schule, »organisierte« Topf, Pfanne, Angel, Boot. Sie fing Fische, legte Schlingen und bereitete die Beute selbst zu. Der Vater, der nur alle vier Wochen von seiner Arbeit im Holzfällercamp nach Hause kam, ahnte nichts von alledem; Onkel und Tante scherten sich nicht drum.

Anahareo suchte sich ihre eigene Familie - und die bestand aus einer Jungenbande von ähnlichem Schrot und Korn. Das Mädchen hielt mit: beim Schwimmen, beim Lacrosse- und Eishockey-Spiel, beim Fischen - und den kleinen Wilddiebereien ohnehin. Sie stand ihren »Mann«. In ihren Berichten macht sie später keinen Unterschied zwischen Kindern weißer oder roter Hautfarbe - vielleicht, weil die Indianer genau wie die Franko-

und Anglokanadier dieser Region seßhafte Kolonisten geworden waren. Sie alle mußten durch harte Arbeit ihr Leben fristen, und da blieb kein Raum für Rassen- oder Gesellschaftsprobleme und akkurat gezogene Klassenunterschiede. Anahareo hat weder damals noch in ihrem gesamten, langen späteren Leben ihre Rolle als »Rothaut« ebensowenig wie die als »Frau« ausgespielt. Sie sah sich von Anfang an als Mensch, der – ins kalte Wasser geworfen – vor der Wahl stand, zu schwimmen oder unterzugehen. Und zeit ihres Lebens sollte sie sich als gute Schwimmerin erweisen.

Anahareo berichtet nichts über ihre Pubertät und über den Eintritt in den neuen Lebensabschnitt als Frau; sie notiert lediglich, daß ihre ebenfalls heranwachsenden Gefährten zu einem gewissen Zeitpunkt ihre Weiblichkeit entdeckten. Anahareo löste sich darauf von der Gruppe und ging ihre eigenen Wege. Ihre Wandlung vom Kind zur Frau hielt sie für ihr ureigenes Problem, das sonst niemand was anging. Punkt, Schluß, aus.

*

Anahareo nahm den Faden ihres Lebensberichtes erst wieder auf, als sie 19jährig als Angestellte in einer »Lodge«, einer Art Wildnishotel für betuchte Touristen, am Temagami Lake im kanadischen Ontario arbeitete. Dort knüpfte sie lockere Bande mit einem reichen jungen New Yorker Künstler – sie ließ seinen Namen unerwähnt –, der ihr die Finanzierung einer Ausbildung, spätere Heirat nicht ausgeschlossen, in einer der besseren Klosterschulen des Landes anbot. Vielleicht wollte der junge Mann den in seinen Augen funkelnden Rohdiamanten in eine den damaligen Gesellschaftsnormen genehme Form schleifen lassen, um sich später selbst damit zu schmücken...

Doch wie es so geht im Leben: Just in diesem Augenblick krachte der *coup de foudre,* der Blitz- oder Schicksalsschlag, der innerhalb von Sekunden dem Dasein der jungen Frau eine vollkommen andere Richtung geben sollte.

Sie saß während einer freien Stunde im Schatten der Pinien am Seeufer, vertieft in ein Buch und fasziniert von den Abenteuern »ihres« Westernhelden Jesse James, als »er« erschien. Er paddelte ein Kanu, war in braunes Hirschleder gekleidet und stieg nach ihren eigenen Worten »mit der Geschmeidigkeit eines Panthers an Land. Da stand er eine Weile aufrecht und stolz, während sich sein Blick über der Weite des Sees zu verlieren schien. Er war die Verkörperung von unendlicher Sehnsucht und Einsamkeit. Mein Herz flog ihm zu«.

Er war Archibald Belaney, genannt Archie, zu diesem Zeitpunkt 37 Jahre alt. Er arbeitete als »Guide« oder Führer im selben Wildnishotel, dem weitgefächerten Wabikon Resort. Trotzdem hatten sie sich zuvor noch nie gesehen.

Vom ersten Schritt auf kanadischem Boden an war Archie Belaneys Leben eine kaum unterbrochene Kette von Wildnisabenteuern, von heftigen Romanzen, von wüsten Besäufnissen und blutigen Raufereien. Es war ein Faß voll unbändiger, alle Regeln und Konventionen verachtender Daseinslust.

Aufgewachsen war dieser Mann in der fürsorglichen Obhut zweier Tanten der britischen »upper middle class«. Mit 18 war er nach Kanada ausgebüchst, hatte sich als Trapper, Bootsmann, Holzfäller, Jäger durchgeschlagen. Zwischendurch war er Soldat gewesen und in Frankreich während des Ersten Weltkrieges am Fuß verwundet worden. Außerdem hatte seine Lunge durch eine üble Senfgasvergiftung gelitten. Archie Belaney hatte mehrfach geheiratet, sowohl »à la mode du pays«, das heißt, er hatte mit Indianerinnen zusammengelebt, war aber darüber hinaus auch während der letzten Kriegsjahre in England für kurze Zeit eine »legale« eheliche Verbindung eingegangen.

Archie Belaney war also alles andere als ein unbeschriebenes Blatt. Anahareo gegenüber machte er lediglich ein paar verschwommene Andeutungen über seine Herkunft und Vergangenheit - aber das zählte für sie überhaupt nicht. Für sie zählte die Gegenwart und - wenn auch erst in vagen Träumen - die Zukunft mit Archie.

*

Die Irokesin und der Engländer trafen sich noch einige Male, bis die junge Anahareo anläßlich eines Todesfalles zu ihrer Familie nach Mattawa zurückkehren mußte. Sie schrieb dem Mann, der sie so sehr beindruckt hatte, und lud ihn zu einem Besuch bei sich zu Hause ein.

»Ich verbarg mich hinter den Vorhängen, als ich ihn kommen sah und beobachtete ihn. Er schloß die Tür des Vorgartens mit großer Sorgfalt und drehte sich langsam um. Er schien unentschlossen. Dann richtete er sich plötzlich auf und ging mit festem Schritt zur Haustür.«

Archie Belaney erklärte Anahareos Vater, er sei in Mexiko als Sohn einer Apachenfrau und eines Schotten geboren. Er scheint nicht lange in Mattawa geblieben zu sein, Anahareo schweigt sich über die Entwicklung der Liaison in ihrem Zuhause aus.

Nach seiner Abreise wechselten die beiden einige Briefe, worauf die Verbindung ein halbes Jahr lang abbrach. Endlich schrieb Anahareo, ohne Angabe von Gründen, ihre immer noch geplante Aufnahme in eine Klosterschule verschöbe sich um ein Jahr.

Die im Februar 1926 eintreffende Antwort war ein Telegramm aus Forsyth im nordwestlichen Quebec mit der lapidaren Aufforderung: »Komm für einen Tag zu mir herauf - oder auch für länger.« Wenige Tage später hielt Anahareo eine im voraus bezahlte Rückfahrkarte für die Eisenbahn in der Hand.

Die Reise nach Forsyth - das hieß damals, 38 endlos lange Stunden im Zug zu verbringen. Der Zielpunkt war kein Bahnhof, nicht einmal ein Haltepunkt. Der Lokführer bremste auf freier Strecke an einem vorgegebenen Punkt den Zug ab, und der Schaffner half Anahareo hinaus. Mit einem Schlag waren Langeweile und Befürchtungen vergessen: Archie Belaney stand neben den Schienen und nahm die junge Frau in seine Arme.

*

Anahareo blieb kaum Zeit, über eine mögliche Rückkehr nach Mattawa nachzusinnen. Archie Belaney führte sie ein in die lärmende, ungehobelte, turbulente, aber herzliche Gesellschaft der Trapper, der Holzfäller, der »echten« Indianer, der sonstigen mehr oder weniger unabhängigen Existenzen an der »frontier«, an der Grenze zur Wildnis. Ein Atemschöpfen war kaum möglich.

Eines Tages - ohne daß sie so recht wußte, wie ihr geschah und was sie erwartete - war sie unterwegs in die Wildnis, zu Archies »trapline«, seinen Jagdgründen, wo er seine Fallen für den Pelztierfang aufgestellt hatte.

Jetzt, Ende Februar, regierte mit harter Hand der tiefste, durch Mark und Bein schneidende Winter. Sie kannte die Blizzards und die bis in die vierziger Minusgrade absinkenden Temperaturen aus ihrer Heimat am Mattawa, doch hier wurde Anahareo auch mit der Stille, der Einsamkeit, den endlosen Stunden und Tagen des Wartens, wenn Archie zu seinen Fallen unterwegs war, mit der für Mensch und Tier grausamen und blutigen Realität des Pelztierfangs konfrontiert.

Eine dauerhafte Verbindung zwischen Frau und Mann kann kaum einer härteren Probezeit unterzogen werden. Schwächere oder auch nur »normale« Charaktere hätten unter diesen Umständen auf Liebe und Zuneigung gepfiffen, hätten ihr Bündel gepackt und wären zurückgeeilt in eine Welt, die den Menschen nicht bis an die Grenzen seiner seelischen Widerstandskraft, seiner physischen Leidens- und Leistungsfähigkeit beansprucht und ihn den Naturgewalten gnadenlos ausliefert.

Anahareo hielt durch und brachte von ihrem gemeinsamen winterlichen Wildnisabenteuer einen verwaisten, »Hingy« genannten Wolfswelpen mit, dessen Mutter von Archie mit Strychnin vergiftet worden war. Eine hinterhältige, bösartige, aber damals gängige Methode des Pelztierfangs, die Anahareo von Anfang an mehr bedrückte als Kälte, Strapazen und Isolation.

Als sie nach langen Wochen der Entbehrung, der Einsamkeit, der Anstrengung und der blutigen Arbeit mit den übrigen Trappern zurückkehrten in die bescheidene Zivilisation der kleinen Siedlung an der »Grenze«, machten diese Männer einmal mehr ein mächtiges Faß auf. Es schien, als brenne das mühevoll erworbene, wenige Geld in ihren Händen, so daß sie es so schnell wie möglich auf den Kopf hauen mußten.

Anahareo jedoch ging erst einmal zur Beichte: Sie hatte, ohne vorher den Segen der Kirche einzufordern, draußen in der Wildnis mit einem Mann zusammengelebt. Ob sie die Voraussetzung für die Vergebung ihrer Sünde - die Reue - erfüllte, läßt sie unerwähnt.

Danach stürzte auch sie sich ins überschäumende, improvisierte Feiern. Sie trank mit den Männern, sie tanzte und spielte Poker; sie stand im Mittelpunkt - und sie genoß es. Sie war an der »frontier« eine Sensation: eine Frau, schön und intelligent, obendrein »game for anything«, kein Spielverderber, ein Kumpel zum Pferdestehlen.

Doch die Zwänge des Katholizismus wurzeln tief: Zu tief, um sich leichten Sinnes über alle Konventionen hinwegzusetzen. Ohne das Sakrament der Ehe wollte und konnte selbst eine Anahareo nicht auf Dauer mit einem Mann zusammenleben.

Archie Belaney hatte auch in dieser Hinsicht seine eigenen Vorstellungen. Oder er war sich nicht ganz sicher, ob eine seiner Ehen - speziell die mit der Indianerin Angèle - nicht doch noch gültig war: Vor dem Gesetz hätte er womöglich als Bigamist dagestanden. Er fand eine Lösung: Zusammen paddelten er und seine Braut im Kanu den Nottaway River hinunter bis zu einem Camp der mit ihm befreundeten Cree-Indianer. Hier wurden Anahareo und Archibald Belaney, letzterer unter dem Namen Wäschakwonnesin oder Grey Owl, im Sommer 1927 in einer schlichten Zeremonie nach althergebrachtem Ritual und Sitte der Cree getraut. Auch ohne den Segen der Kirche fühlte sich Anahareo nach dieser traditionellen Feier als Archies rechtmäßige Ehefrau.

Ihrem Mann blieb nichts anderes übrig, als statt einer Hochzeitsreise den nächstbesten Job anzugehen. Archie zog allein als Feuerwächter in die wegelose Wildnis, um wenigstens ein paar Dollar in die Hand zu bekommen, denn den Erlös aus ihrem Pelztierfang hatten sie in Forsyth gemeinsam durchgebracht.

Den Männern, die allein auf ihren Feuertürmen saßen und mit ihren Feldstechern den Horizont der weiten Wildnis nach verräterischen Rauchwolken absuchten, war das Mitnehmen ihrer Frauen oder anderer Begleiter strikt untersagt. Also setzte sich Anahareo wieder in den Zug und fuhr, zusammen mit ihrem jungen Wolf Hingy, auf der Suche nach einem x-beliebigen Job in die Minenstadt Rouyn-Noranda, um sich selbst und ihren Schutzbefohlenen über die Runden zu bringen.

Sie fand Arbeit als Serviererin in einem Hotel. Der junge Wolf blieb während ihrer Dienstzeit in ihrem Zimmer eingesperrt. Es war nur natürlich, daß er die nächstbeste Gelegenheit nutzte und ausbüchste. Anahareo war verzweifelt, bis endlich die erlösende Nachricht kam: Ihr Liebling lebte, war gesund und konnte von ihr abgeholt werden.

Nur allzu bald wurde der jungen Frau klar, daß sie sich entscheiden mußte zwischen ihrem Job als Serviererin und der Zuwendung, die ein junger Wolf von seiner Ziehmutter erwartet. Ohne langes Nachdenken entschied sie sich für den grauen Hingy.

Neben ihrer Hinwendung zu einem geheimnisumwobenen, attraktiven, aber unkonventionellen, der Natur und der Wildnis mit tausend Fäden verknüpften Mann kristallisierten sich in Anahareos Wesen andere, eigene Charakterkomponenten heraus: ihre tätige Anteilnahme am Schicksal der Pelztiere, denen buchstäblich das Fell über die Ohren gezogen wurde, und das in der Minenstadt Rouyn-Noranda geweckte Interesse an der Suche nach den im Schoß der Erde verborgenen metallischen und mineralischen Schätzen, dem sogenannten Prospektieren.

Zuerst einmal reiste sie jedoch mit der Canadian National Railway 350 Meilen weit nach Osten, nach Forsyth. Sie wollte Archie nahe sein und gleichzeitig einen akzeptableren Lebensraum für Hingy finden. Aber ihr Pflegewolf starb kurz nach ihrer Rückkehr in Forsyth – aus unbekannten Gründen.

Der Chief Ranger der Feuerbrigade zeigte ungewöhnliche Anteilnahme am Schicksal des Wolfes und der trauernden jungen Frau: Trotz des ausdrücklichen Verbotes gestattete er Anahareo, Archie Belaneys Dasein auf dem einsamen Feuerturm für den Rest der Saison zu teilen.

*

Im folgenden Herbst bereitete sich das Paar auf den üblichen winterlichen Pelztierfang vor. Vor dem Einsetzen des Eisgangs bestiegen sie das mit hochgetürmter Ausrüstung und Verpflegung beladene Kanu und paddelten über eine Kette von Seen und Flüssen in das über 80 Meilen weiter nördlich gelegene, von Menschenhand unberührte »Jumping Caribou Country«.

Auch während der kurz vor Weihnachten einsetzenden barbarischen Kälte lebten sie im Zelt, bis sie endlich die winzige, von Archie gebaute Hütte beziehen konnten. Archie stellte seine Fallen auf, bestückte sie mit Ködern für das Niederwild wie Marder, Nerz, Luchs und Fuchs; er setzte die Fangeisen vor die Eingänge der Biberburgen, er schoß Rotwild oder auch wilde Rentiere, vergiftete das Fleisch mit Strychnin, um Wölfe und Bären zu töten und ihnen ihre Felle über die Ohren zu ziehen.

Durch eigenen Augenschein und bittere Erfahrung kam Anahareo zu der traurigen Erkenntnis, daß die sogenannte Trapperromantik nur auf dem Papier steht; wie grausam in Wirklichkeit der Pelztierfang ist, wie sehr die gefangenen Tiere leiden, wie groß Angst und Schmerz sind, bis endlich der gnädige Axthieb des Trappers sie aus ihrer Agonie erlöst. Die junge Frau litt mit den Tieren und übertrug dieses Mitleid auch auf ihren scheinbar so hartgesottenen Mann, auf Archie Belaney.

Wenn sich in der Seele des Trappers Mitleid mit seinen Opfern regt, ist sein materielles Schicksal besiegelt: Jagd- und Beuteinstinkt liegen in ständigem Widerstreit mit dem Gedanken an das Schicksal der Tiere; er läßt die letzte, tödliche Konsequenz vermissen, läßt die Tiere endlich entkommen und steht vor seinem finanziellen Ruin.

Der entscheidende Wandel vom Saulus zum Paulus vollzog sich bei Archie Belaney, als er eine Bibermutter gefangen und getötet hatte. Anahareo spürte die beiden Jungen auf, nahm sie vorsichtig aus dem Bau, steckte sie in ihr Hemd und brachte sie in ihre Hütte. Sie und Archie opferten ihre restliche Kondensmilch und fütterten damit die verwaisten Biber.

Das weitab von jeder menschlichen Gesellschaft lebende Einsiedlerpaar hatte seine helle Freude an den beiden »McGinty« und »McGinnis« getauften Biberkindern. Sie schleppten Feuerholz umher; sie spielten und kämpften miteinander, schissen und pißten in die Badebütte, in der sie sonst herumschwammen; sie mümmelten Haferflocken, mitgebrachte weiche Weiden- und Pappelschößlinge und erfüllten die Hütte mit quirligem Leben. Neugierig inspizierten sie jeden Winkel der kleinen Behausung ihrer Pflegeeltern und bald auch die nähere und weitere Umgebung. Ebenso rasch bestimmten sie die Routine des Tagesablaufs der beiden Menschen, die sich diesem Diktat nur zu gerne unterzogen.

Nicht zuletzt der gesunde Appetit ihrer beiden Zöglinge hatte dafür gesorgt, daß Archie Belaney und Anahareo vorzeitig in den nächstgelegenen Ort aufbrechen mußten, weil ihre Vorräte zur Neige gegangen waren. Die Fellbeute war kümmerlich und reichte nicht einmal, um die im Herbst beim Kauf der Ausrüstung und Verpflegung aufgetürmte Schuldenlast zu bezahlen.

Archie überbrückte den Engpaß, indem er mit Anahareos Hilfe »hootch«, »poteen« oder »moonshine« destillierte und verkaufte. Die Schwarzbrennerei ist zwar eine weitverbreitete, aber vor allem in den puritanisch-angelsächsisch geprägten Ländern eine verwerfliche Tat, die bei ihrem Bekanntwerden unverzüglich die Gesetzeshüter auf den Plan bringt und strenge Strafen nach sich zieht. Die Geschäfte von Anahareo und Archie blieben glücklicherweise unentdeckt.

*

Ende der zwanziger Jahre steckte der Pelztierfang in einer Krise. Die Fellpreise waren zwar gut, doch der Bestand der »Lieferanten« des Rohmaterials hatte schwer gelitten: als unausbleibliche Folge des rücksichtslosen Einsatzes von Strychnin, also von Gift. Nicht nur die »Zielgruppe« der Wölfe und Bären kam elend um, auch die kleineren Aasfresser - vom Fuchs bis hinunter zum kleinen Wiesel - waren dem Raubbau zum Opfer gefallen. Lediglich der Fang von Pflanzenfressern wie Bisam und Biber versprach noch einen gewissen Ertrag.

Ganz allmählich entwickelte sich bei Archie Belaney und Anahareo die Idee, eine Biberkolonie zu gründen. Anahareo hatte dabei eher ein Schutzgebiet für die Nagetiere im Auge, während Archie anfangs noch daran gedacht haben mag, die Tiere aufzuziehen, dann zu töten, die Felle zu verkaufen, um so den Lebensunterhalt zu bestreiten. Doch angesichts von McGinty und McGinnis, die sich nicht nur zu Haustieren, sondern zu Ersatzkindern entwickelt hatten, freundete sich auch Grey Owl mehr und mehr mit der ausschließlichen Hege an. Obwohl noch keiner der beiden wußte, wie und aus welchen Quellen sie ihr Dasein und das ihrer Schutzbefohlenen finanzieren sollten, suchten sie nach einem Umfeld, wo die Biber unbehelligt und in Freiheit leben konnten.

Da lief ihnen der Micmac-Indianer Joe über den Weg, der seine heimatlichen Jagdgründe in den tiefen Wäldern zwischen den kanadischen Provinzen Quebec und New Brunswick in den freundlichsten Farben malte und Bilder entwarf, die genau dem Projekt entsprachen.

Anahareo hielt Micmac-Joe von Anfang an für einen Lügner und Aufschneider; sie sollte sich im nachhinein wundern, wie ein so erfahrener Naturmensch wie Grey Owl auf dessen Phantastereien hereinfallen konnte – konnte aber seinerzeit ihr gefühlsmäßiges Mißtrauen durch keinerlei Fakten beweisen.

Also kratzten sie ihre letzten Dollar zusammen, kauften sich Eisenbahn-Tickets, steckten ihre beiden plattschwänzigen Schützlinge in eine Kiste, verluden sie in den Packwagen und dampften mit ihnen nach Osten: über Montreal und Rivière du Loup in den kleinen Ort Cabano.

Anahareos Befürchtungen bestätigten sich: Die Wälder rund um Cabano waren inzwischen den Äxten und Sägen der Lumberjacks, der Holzfäller, zum Opfer gefallen. Wo einst Fichten, Kiefern, Birken ihre Kronen hoch über die gemeine Welt erhoben hatten, regierten nur noch niederes, totes Gestrüpp, Abfall, Zerstörung und Hoffnungslosigkeit.

Die Leute in Cabano schüttelten und schlugen sich vielsagend an die Köpfe: lebende Biber im Gepäck! Sich mit so was abzuplagen, statt ihnen eins über den Schädel zu geben, das Fell abzuschälen und zu verscherbeln. Doch Anahareo hätte sich lieber von einem Arm oder Bein getrennt als von McGinty oder McGinnis, und Archie ging es inzwischen nicht anders.

Was half's? Da standen sie nun, mittellos und ohne materielle Perspektive. Archie bekam zwar in regelmäßigen Abständen eine kleine Invalidenrente aus seiner Militärdienstzeit, doch die Summe war zum Sterben zu hoch und zum Leben zu niedrig. Anahareo hatte alle Brücken hinter sich abgebrochen und nicht einmal mehr nach Hause geschrieben; sie konnte mit keinerlei Unterstützung rechnen.

Es gab kein Zurück. Also mußten die beiden versuchen, die Kahlschläge hinter sich zu lassen und in Gebiete vorzudringen, die Axt und Säge noch verschont hatten. Dafür brauchten sie eine Minimalausrüstung, sie brauchten Grundnahrungsmittel wie Salz, Fett, Mehl, Backpulver und Tee. Einer der Händler in Cabano erklärte sich bereit, ihnen einen 100-Dollar-Kredit einzuräumen, den sie im nächsten Frühjahr nach Beendigung der Pelztier-Fangsaison zurückzahlen sollten. So war das übliche Verfahren, das bis in unsere Tage am Rande der weiten Wälder Kanadas Gültigkeit hat. Auch wenn sie die Biber schonen würden, mußten Anahareo und Archie das blutige Geschäft des »trapping« weiter betreiben – um ihre Schulden zurückzahlen zu können.

*

Ein Fuhrwerk brachte sie zum Touladi Lake; von dort paddelten und stakten sie ihr Kanu den Horton River hinauf. Sie schleppten ihr Boot – die übrige Ausrüstung, die

Verpflegung, die beiden Biber – über eine sogenannte Portage, bis endlich wieder Wasser zwischen dichtem Buschwerk schimmerte: Sie waren am Ziel, am Birch Lake, angekommen.

Der See machte seinem Namen alle Ehre: Seine Ufer präsentierten sich wie vor tausend Jahren, sie waren von Menschenhand unberührt; sein silberner Spiegel war gesäumt von weißen Birkenstämmen, schien übergossen von den in der Herbstsonne golden schimmernden Blättern. Birken, Birken, Birken in Hülle und Fülle. Die Rinde dieser Bäume ist für Biber ein Festmenu: McGinnis und McGinty würden in einem Schlaraffenland leben.

Anahareo und Archie begannen, entfernter stehende Fichten zu fällen; sie schleppten die Stämme zum Bauplatz, wuchteten sie im Viereck aufeinander, fügten die Sparren, das Dach darüber. Es war eben eine Woche vergangen, und die Bauherrin konnte die mitgebrachten Chintz-Vorhänge aufhängen, ein paar Hirschfelle aus ihrer Jagdbeute als Teppiche über dem Boden verteilen.

Zu Anahareos großer Erleichterung und Archies Frust blieben die aufgestellten Fallen leer. Ein untrügliches Zeichen, daß der natürliche Sieben- bis Zehn-Jahreszyklus in der Population der Fellträger auf seinem Tiefpunkt angelangt war.

Tröstlich, daß sie endlich eine intakte und bewohnte Biberburg entdeckten. Mit McGinnis und McGinty und deren Bewohnern könnten das die ersten Bausteine zur geplanten Biberkolonie sein. Aber die drängende Frage blieb offen: Wie sollten sie ihre beim Händler aufgelaufenen Schulden bezahlen, wie das eigene Überleben finanzieren? In der Wildnis braucht man nur wenig Geld, sehr wenig eigentlich, doch immer noch mehr als Archie Belaneys karge Rente aus seiner Militärzeit einbrachte.

Ein Artikel über die angebliche Wolfsplage im Algonquin Park in einer alten Zeitschrift, in der sie die Töpfe und Pfannen ihres Gepäcks eingepackt hatten, brachte sie auf eine Idee: Archie sollte es mit dem Schreiben versuchen. Es war ein Strohhalm, mehr nicht.

Archie machte sich an die Arbeit – und siehe da, schon der erste Versuch traf ins Schwarze. Das englische Magazin »Country Life« akzeptierte, druckte den Artikel des Autors »Grey Owl« und schickte ein bescheidenes Honorar. Ein gütiger Zufall wollte, daß das Geld just vor Weihnachten ankam. Archie machte sich auf Schneeschuhen auf den Weg, kaufte ein – und kam als »Santa Claus« zurück, der sogar an die »Christmas Stockings« der beiden Biber gedacht hatte: Holzspielzeuge, Schokolade und Bonbons. Obwohl die kleine Familie nicht nur von Birken, sondern auch von Tannen umgeben war, schnitt Anahareo einen Christbaum für die Hütte, schmückte ihn statt mit Glaskugeln mit Apfelschnitzen, Dörrpflaumen, Nüssen und anderen Leckerbissen für die vierbeinigen Hausgenossen und schlug die Hütte nach nordamerikanischem Brauch mit buntem Kreppapier und Girlanden aus. Es war ein einfaches, anrührend sentimentales – ein unvergeßliches, glückliches Fest, auch wenn sich ein paar wehmütige Gedanken der Erinnerung an die Großmutter und an den Vater bei Anahareo einstellten.

Während die Biber den Baum plünderten, aßen ihre Pflegeeltern einen exzellenten Hirschbraten mit fetter Specksauce und gönnten sich danach den seltenen Luxus eines Desserts mit dem im Dorf gekauften Plumpudding.

*

Mit dem Eingang des Schecks waren ihre Probleme zwar nicht überwunden, doch am Ende des Tunnels schimmerte ein Licht.

Es geht aus Anahareos Aufzeichnungen nicht hervor, warum sie die Hütte am Birch Lake schon im Jahr 1929 wieder aufgaben. Vielleicht konnten sie sich ausrechnen, wann die Holzfäller ihr Refugium erreichen und zerstören würden; vielleicht, weil der indianische Freund Dave, der ihnen aus dem Norden gefolgt war, während ihrer Abwesenheit in Unkenntnis ihrer Absichten die von ihnen entdeckte Biberburg geplündert und die dort lebende Familie getötet hatte. Vielleicht war es schlicht das unruhige Blut, das in beider Adern pulsierte.

Sie drangen noch tiefer in die unberührte Wildnis vor, fanden einen anderen See, der ihnen für ihr Vorhaben geeignet schien. Sie ließen McGinnis und McGinty frei – und sahen sie nie wieder. Sie hofften und warteten, sie fragten herum – vergeblich. Der Verlust bedrückte sie nicht nur, er schien – ohne daß Anahareo es in ihren Aufzeichnungen ausspricht – ein wichtiges emotionales Band zwischen ihr und Archie zerrissen zu haben.

Während ihr Mann unter den wieder aufbrechenden Folgen seiner alten Fußverletzung litt, gelang dem Indianer Dave und Anahareo das Einfangen von zwei weiteren kleinen Bibern. Sie tauften sie »Sugar Loaf« und »Jelly Roll«, Namen von typisch angelsächsischen, unglaublich süßen Kuchen. Zwar waren sie (noch) kein Ersatz für die vertrauten McGinnis und McGinty, doch die Tiere füllten die Leere um sie herum mit Aufgaben und Leben.

Anahareo und Archie überließen ihre neuen vierbeinigen Gefährten der Obhut des Indianers Dave. Sie suchten und fanden für ein paar Wochen Arbeit in einem Touristen-Camp und verdienten dort die bitternötige Handvoll Dollar.

Dabei ergab sich eine neue Herausforderung: Archie sollte vor den Gästen des Camps und den Einheimischen einen Vortrag über das Leben der Biber halten. Er zögerte zunächst, doch blieb ihm angesichts des guten Vorverkaufs und ihrer leeren Kasse keine Wahl. Der Abend wurde ein Riesenerfolg.

Mit einem einzigen Donnerschlag hatten sie über tausend Dollar auf der Hand, viel mehr Geld, als sie je besessen hatten. Gleichzeitig wollte die Zeitschrift »Country Life« neue Storys aus der kanadischen Wildnis: Die Weichen für eine bessere, sicherere Zukunft schienen gestellt.

Archie Belaneys Zukunft, wohlgemerkt. Anahareo dachte nicht daran, ihr weiteres Leben als Anhängsel ihres Mannes zu fristen. Auch wenn sie ihn immer noch liebte, zudem für die vor allem ihr anvertrauten Biber Sugar Loaf und Jelly Roll in der Pflicht stand - sie war jung, umtriebig, abenteuerlustig. Anahareo wollte auf eigenen Füßen stehen und, zumindest für eine Zeitlang, ihre Unabhängigkeit wiedergewinnen.

Als Dave vorschlug, einmal in der Gegend von Chibougamou als freie Prospektoren ihr Glück zu versuchen, entschied sich Anahareo auf der Stelle, den alten Indianer zu begleiten. Auch sie wollte das Abenteuer der Erz- und Mineraliensuche wagen, das sie seit langem faszinierte. Archie Belaney, dem seine Fußverletzung immer noch zu schaffen machte, erklärte sich bereit, für die beiden jungen Biber zu sorgen und die Stellung zu halten - auch in der vagen Hoffnung, daß McGinnis und McGinty zurückkehren würden.

*

Anahareo und Dave kamen zu spät. Die Gegend um Chibougamou, speziell um den von ihnen anvisierten Lac Doré - wo sich normalerweise nur Timberwölfe und Schwarzbären gute Nacht sagen - wimmelte von Prospektoren, Glücksrittern und Abenteurern jeglicher Provenienz. Die von Dave ins Auge gefaßte Bonanza hatten längst andere abgesteckt und registrieren lassen. Diese Glückskinder sollten sie später für nicht weniger als 70 000 Dollar verkaufen. Vier Wochen früher – und Anahareo und Dave wären reich geworden.

Auch die anderen, nur halbwegs aussichtsreichen Claims waren vergeben. Noch schlimmer: Die beiden Nachzügler waren in dieser wegelosen Wildnis gefangen. Auf den Seen formte sich das erste Eis: keine Aussicht, bis zum über hundert Kilometer weit entfernten Eisenbahnkopf zu paddeln. »Freeze-up time« heißt im Klartext, daß die Natur von Sommer- auf Winterbetrieb umstellt. Mehrere Wochen lang würden sie festgenagelt sein; mit dem Boot ging nichts mehr und mit dem Schlitten noch nichts.

Die einzige Möglichkeit wäre der Charter eines Buschflugzeugs gewesen, doch der hätte 180 Dollar gekostet; es bestand keine Aussicht, die für damalige Verhältnisse horrende Summe zu beschaffen.

*

Dave angelte sich einen Job als Jäger und war für die Fleischversorgung eines der Camps verantwortlich. Er war bereit, mit seinen kargen Einnahmen auch Anahareo über Wasser zu halten, doch die junge Irokesin wollte die Gutmütigkeit des alten Indianers nicht über Gebühr in Anspruch nehmen.

Widerwillig besorgte sie sich Tellereisen, Fallen für den Pelztierfang, richtete sich ein Stück abseits von den Camps und der Unrast der Prospektoren eine primitive Unterkunft ein. Sie hoffte, sich mit dem Verkauf von Fellen an den nächsten Handelsposten der Hudson's Bay

Company durchschlagen zu können. Ihre Bemühungen blieben vergeblich, die Tiere hatten auch diese unruhige Region verlassen. Enttäuschung und Erleichterung hielten sich bei ihr die Waage.

Eine mitfühlende Seele gab ihr darauf einen Job als »core grabber«: Sie mußte Bohrkerne nach ihrem Inhalt sortieren; keine allzu schwere Arbeit, die immerhin fünf Dollar am Tag einbrachte.

Bald darauf erhielt sie eine andere Aufgabe: Per Hundeschlitten sollte sie Brennholz zum Camp bringen. Eigentlich ein harter Männerjob, aber Anahareo konnte mit Tieren umgehen, auch wenn mancher Rüde ihres Teams schwerer war als sie selbst. Die junge Frau hoffte, bald die notwendigen Mittel zum Hinausfliegen angespart zu haben, um Archie und ihre beiden »Ersatzbiber« wiederzusehen.

Dieser Wunschtraum sollte sich so schnell nicht erfüllen: Ein Crash der Minenaktien an der Börse - und das unrentabel gewordene Prospektoren-Camp wurde von heute auf morgen geschlossen. Wer die nötigen Mittel besaß, wurde ausgeflogen - wer nichts hatte, mußte zurückbleiben.

Anahareo fand sich als »care taker«, als Aufsichtsperson, allein und ohne Bezahlung zurückgelassen. Sie hatte zwar genug zu essen, sie hatte Funkkontakt zur Außenwelt, sie hatte die Hunde als Gesellschaft. Aber ihre Zukunft war - gelinde ausgedrückt - grau verhangen.

*

Die düsteren Wolken lichteten sich, als aus heiterem Himmel ein Flugzeug auf dem Eis des Sees landete und ihm ein Mann entstieg, der Anahareo erklärte, seine Gesellschaft habe das Camp aufgekauft, das allerdings an einen anderen kleinen See verlegt werden müsse. Es stellte sich heraus, daß dessen Eisfläche für Starten und Landen von Flugzeugen zu eng war; also hatte der Umzug per Hundeschlitten zu geschehen.

Anahareo hatte ihren Job wieder, sie verdiente Geld. Aber jetzt stellte die Natur von Winter- auf Sommerbetrieb um. Es dauerte bis in den Juni hinein, ehe das Eis geschmolzen war und ein Flugzeug mit Schwimmern auftauchte. Die junge Frau nutzte ihre erste Chance und flog zurück in die Zivilisation. Bei einem Zwischenstop in Quebec kaufte sie eine ordentliche Ladung Whisky, Archie Belaneys bevorzugten Tabak und ein paar hübsche Sachen für sich selbst.

McGinnis und McGinty waren und blieben verschwunden, doch ihre neue Biberfamilie hatte sich um ein Mitglied vergrößert: Rawhide, ein erwachsener Biber, den Archie aus einer Falle befreit hatte, war inzwischen domestiziert und hatte sich eingewöhnt.

Und Archie Belaney war zum gefragten Schriftsteller avanciert. Anahareo bemerkte in ihren Aufzeichnungen dazu lakonisch: »Mit einem solchen zu leben ist schlimmer, als allein zu sein.« Der Bruch in ihrem Verhältnis mit Archie schien nicht ohne weiteres reparabel.

*

Anahareo überlegte nicht lange. Sie reiste nach Montreal, um es »up north« noch einmal mit dem Prospektieren zu versuchen. Prospektieren kann zu einem mentalen Fieber werden, zu einer Leidenschaft oder Sucht. Wer einmal davon befallen wird, ganz gleich, ob Mann oder Frau, dem erscheint der eigentliche Fund zweitrangig. Die Suche ist die große verzehrende Faszination, der Weg wird wichtiger als das Ziel.

Aber die Zeiten waren schlecht. Statt Pickhammer und Brecheisen hielt Anahareo bald wieder die Leinen eines Hundeteams in den Händen. In dem heute noch existierenden noblen Montebello Resort in der Nähe von Ottawa sollte sie gutbetuchten Gästen per Hundeschlitten die Freuden des kanadischen Winters näherbringen.

Anahareo war zufrieden. Sie war im gewissen Rahmen unabhängig, verdiente ihr eigenes Geld; sie konnte und mußte sich ausgiebig mit Tieren beschäftigen.

Im Februar 1931 kam ein Telegramm: Archie Belaney hatte eine Einladung zu einer exklusiven Vortragsveranstaltung in Montreal erhalten und residierte bereits im feinen, teuren Windsor Hotel. Ohne einen Augenblick zu zögern, schmiß Anahareo ihren Job, um in der Stunde, die wahrscheinlich über seine und vielleicht auch ihre Zukunft entschied, bei ihrem Mann zu sein.

Archie war nicht nur in fransenbesetzte Lederbekleidung geschlüpft, er hatte sich neben indianischem Äußeren auch eine entsprechende neue Identität zugelegt. Ab sofort war er nicht mehr der Sproß eines Schotten und einer Apachin, sondern als »Wäscha-kwonnesin« oder »Grau-Eule« ein vollbütiger Ojibwa. Die Veranstaltung wurde ein Riesenerfolg. »Vollblut-Indianer berichtet über Wildtiere«, trompeteten die Schlagzeilen der Zeitungen.

Die plötzliche, unerwartete Popularität löste eine Kette von Ereignissen aus. Das kanadische Innenministerium schien seine Verantwortung gegenüber der Tierwelt des Nordens zu entdecken. »Grey Owl« war für die Behörden der richtige Mann, im Riding Mountain National Park eine Biberkolonie aufzubauen. Was man sich letztendlich von der Aktion versprach, bleibt unklar - vielleicht sollte sie lediglich eine Alibifunktion erfüllen.

Doch die Hintergedanken der Politiker waren Anahareo und Archie alias Grey Owl gleichgültig, schien sich doch ihr verwegener Traum zu realisieren. Doch der Mann war krank; die Folgen der im Weltkrieg erlittenen Fußverletzung machten ihm ebenso zu schaffen wie die Senfgasvergiftung, die seine Lunge in Mitleidenschaft gezogen hatte. Anahareo reiste zu den beiden Biberschützlingen; Grey Owl alias Archie Belaney blieb vorerst in Montreal unter Obhut der Ärzte.

Als er halbwegs wiederhergestellt war, begleitete Anahareo ihn und die drei Biberschützlinge auf der Reise in den Westen bis Toronto, wo sie Mann und Tiere verließ und einmal mehr zum Prospektieren nach Norden fuhr. Doch Fortuna kehrte ihr erneut den Rücken: Als sie selbst – Glück im Unglück – unterwegs war, fuhr ein Blitz in ihr Zelt, das wie eine Fackel abbrannte. Ihre Basis – und gesamte Habe – war mit einem Schlag vernichtet. Es blieb Anahareo nichts anderes übrig, als ihren Mann per Telegramm um Geld für die Rückreise zu bitten.

*

Im Riding Mountain National Park bezog das wiedervereinte Paar ein großzügig gebautes Blockhaus mit einer breiten Veranda. Der Park in der Provinz Manitoba liegt ziemlich genau im geographischen Zentrum Kanadas und ist alles andere als ein »mountain«, ein Berg, sondern ein hügeliger Landtrakt, nicht einmal 500 Meter über dem Meeresspiegel gelegen. Hier findet sich ein Querschnitt der reich gefächerten Flora und Fauna fast ganz Kanadas: Laub- und Nadelbäume, offene Wiesenflächen, felsiger Grund, eiszeitliche Moränen liegen nebeneinander oder gehen ineinander über.

Endlich trat auch das lang erwartete freudige Ereignis ein: Jelly Roll kam mit gesunden Vierlingen nieder. Ein einziges (Menschen-) Kind hätte Anahareos innigsten Herzenswunsch erfüllt, doch die Natur meinte es mit ihr nicht so gut.

Auch das Glück der Biberfamilie blieb nicht ungetrübt: Der kleine See, eher ein großer Teich hinter dem Blockhaus, verkrautete im heißen, trockenen Binnenklima Manitobas; das stagnierende Wasser begann zu stinken und erwies sich immer ungeeigneter als Lebensraum für eine Biberkolonie.

Die Behörden fanden erstaunlich rasch eine andere Lösung: Weiter im Westen in Saskatchewan, im Prince Albert National Park, am Ajawaan Lake, würden die Verhältnisse für die Menschen bescheidener, dafür aber für die Biber um so komfortabler sein. Diese geschützte Region wird im Norden dominiert vom Kanadischen Schild mit seinen subborealen Nadelwäldern, seinen Wasserläufen und unzähligen Seen, mit Erlen, Weiden, Birken an den Ufern. Für Biber ein ideales Biotop.

Die dortige Hütte war vier mal fünf Meter klein; sie hätte durchaus gereicht für zwei Menschen, die mit wesentlich beengteren und primitiveren Verhältnissen vertraut waren, doch sie hatten noch sieben plattschwänzige Mitbewohner. Grey Owl - Archie Belaney - ging inzwischen voll und ganz in seiner Rolle als Vollblut-Ojibwa und Freund der Tiere auf, hatte ein Loch in den Fußboden der kleinen Behausung gesägt, die mit einem zum angrenzenden See führenden Unterwasser-Tunnel verbunden war. Die Biber zeigten sich mit diesem Arrangement höchst zufrieden und begannen unverzüglich, innerhalb der Hütte ihre eigene Wohnung zu bauen. Die wurde größer und größer und nahm schließlich einen wesentlichen Teil der Grundfläche ein: ein echtes Biber-Haus! Was half's, die Menschen mußten sich eben einschränken.

Für jede auch nur halbwegs gestandene Frau wäre dieses Arrangement der schiere Alptraum gewesen, nicht so für Anahareo. Wichtiger als jede sogenannte Wohnkultur war auch ihr, daß die Biber ständig um sie waren. Umgekehrt fanden die plattschwänzigen Freunde ihre menschlichen Bezugspersonen immer in ihrer Nähe.

Grey Owl oder Wäscha-kwonnesin erschien zusätzlich auf der Gehaltsliste der Parkverwaltung und kam in den ungewohnten Genuß eines regelmäßigen Einkommens. Das versprach weitere materielle Sicherheit. Ab jetzt hätte das Paar inmitten einer großartigen Natur, fernab von ungesunder Hektik und Streß, zusammen mit ihren Bibern ein zwar zurückgezogenes und bescheidenes, aber zufriedenes Leben führen können. So zeichnete es sich auch eine Weile ab ... Grey Owl alias Archie Belaney, inzwischen 43 Jahre alt, schien seinen Lebensinhalt und seine Aufgabe als Schriftsteller gefunden zu haben. Seine Bücher fanden Anklang und brachten zusätzliche Einnahmen. »Pilgrims of the Wild« wurde sogar ein internationaler Bestseller.

Aber Anahareo war erst 25. Während Grey Owl sich immer mehr in seine Arbeit vergrub, schrieb sie resigniert: »Alles, was ich von Archie höre, ist das Kratzen, Kratzen, Kratzen seiner Feder und alle möglichen Argumente gegen meine Aufforderung, endlich ein Bad zu nehmen.« Anahareo fühlte sich unausgefüllt, sie war unruhig; die unendlichen Weiten des Nordens und die darin verborgenen Erze und Mineralien lockten unwiderstehlich. Um sich abzulenken und ihr bescheidenes theoretisches Wissen zu erweitern, bestellte sie einen Fernkurs in Mineralogie. Eine zweite Hütte neben der von Biber und Mensch geteilten Behausung garantierte Grey Owl ungestörtes Arbeiten. Vielleicht war deren Bau notwendig, damit alle - Mensch und Tier gleichermaßen - sich ab und zu aus dem Weg gehen konnten...

*

Der Donnerschlag trat so unerwartet ein wie ein Gewitter im Winter: Anahareo wurde schwanger. Die junge Frau war überglücklich; ihre Ambitionen waren urplötzlich auf ein neues Ziel, auf eine neue Aufgabe, auf ein neues, unbekanntes, mit Sehnsucht erwartetes Wesen gerichtet, auf das so lang, bisher vergeblich gewünschte Kind.

Bald wurden der zierlichen Frau ihre »breeches«, die Männerhosen, zu eng. Sie tauschte sie gegen ein Umstandskleid ein und trug nach endlos langen Jahren wieder einen Rock. Einige Wochen vor der Geburt zog sie in den Ort Prince Albert, wo am 23. August 1932 das Kind zur Welt kam: ein Mädchen, das Shirley Dawn getauft wurde.

Während Anahareo in Glück schwelgte und später schrieb: »Ich glaube, ich habe sie mein ganzes Leben so vor mir gesehen, wie sie jetzt auch ist«, schien Grey Owl unbeeindruckt. Als er nach Tagen endlich zur Visite bei Mutter und Tochter erschien, rief er: »Goddamn - die Kleine sieht ja aus wie eine Made!«

*

Die junge Mutter mußte sich mit den Aufgaben der Säuglingspflege vertraut machen, wobei ihr eine Mrs. Winter mit Rat und Tat zur Seite stand. Fast zwangsläufig regten sich auch bei Mrs. Winter längst verschüttet geglaubte Mutterinstinkte: Die neue Erdenbürgerin Shirley Dawn schien ihr zu fragil, um sie einer unerfahrenen Mutter wie Anahareo allein anzuvertrauen. Sie setzte durch, daß ein Kindermädchen sie zum Ajawaan Lake begleitete - was nicht lange gut ging. Grey Owl warf das Mädchen bald wieder hinaus.

Anahareo umsorgte ihr Kind mit all ihrer Zuneigung und schenkte ihm all ihre Liebe, doch die Mutterschaft sollte nicht zum Bruch in ihrem Wesen führen und ihr Leben in ruhigere Bahnen lenken. Die Faszination des Umherziehens in der Wildnis, der Thrill des Prospektierens erwiesen sich als stärker.

Im Frühjahr 1934 kaufte Anahareo die Ausrüstung, lud alles in ein Kanu und paddelte los. Ihre nicht einmal zweijährige Tochter ließ sie in der Obhut der besagten Mrs. Winter zurück.

Grey Owl, mit der unumstößlichen Tatsache ihrer Abreise konfrontiert, bemerkte resignierend: »Der Student zieht am Lehrmeister vorbei.«

*

Anahareos Ziel war der rund 600 Meilen nördlich gelegene Gods Lake. Auf dem Weg dorthin wechselten ruhige Flußstrecken mit tosenden Stromschnellen, dehnten sich riesige, bei aufkommenden Winden hochgefährliche Seen, lag eine grenzenlose, einsame Wildnis, wo der Mensch auf sich selbst angewiesen ist, wo ihm niemand, auch kein Gott oder Teufel helfen kann.

Nur in langen Abständen würde die einsame Kanufahrerin ein abgelegenes Indianerlager, eine isolierte Trapperhütte, einen Hudson's-Bay-Posten, den einen oder anderen Prospektor antreffen.

Anahareo hatte zu großzügig eingekauft; ihr kleines Boot war überladen. Doch dieses Problem löste sich von selbst: Am Montreal Lake verlor sie beim Pokern in einem Camp der Cree-Indianer gegen deren gewitzte Frauen alles auch nur halbwegs Entbehrliche.

Am Lac Laronge platzte Anahareo in eine Hochzeitsgesellschaft. Der Ruf einer alleinreisenden Frau war ihr per »Mokassin Telegraph« auf die übliche, scheinbar mysteriöse Weise vorausgeeilt. Sie wurde mit der in nordischer Wildnis gewohnten Großzügigkeit herzlich willkommen geheißen – doch leider konnte die Gesellschaft das Glück der Jungvermählten nicht begießen, da die geistigen Getränke ausgegangen waren. Die Besucherin vergalt die genossene Gastfreundschaft; sie kannte die Tricks und Techniken, dem »trockenen« Übel abzuhelfen.

Doch das blieben die Ausnahmen, die »Highlights« einer solchen Reise. Die überwiegende Zeit war sie allein; allein mit dem Fluß, mit dem See; allein schlug sie abends an einem einsamen Ufer ihr Lager auf; sie schlief allein unter den Sternen, sie bereitete und aß ihre Mahlzeiten allein.

Die Einsamkeit bereitete Anahareo keine Probleme, dagegen bedrückte sie die Sehnsucht nach ihrer kleinen Tochter, nach Shirley Dawn. Andererseits der Ruf der Wildnis, die lang entbehrte Spannung des Prospektierens; das Abenteuer lockte, die Herausforderung, die Suche nach Selbstverwirklichung. Am Ende überstimmte die Summe dieser Reize die mütterlichen und sogenannten »weiblichen« Gefühle.

80 Meilen nördlich des Lac Laronge, in einem Handelsposten mitten in der Wildnis, erzählte ein junger Indianer Anahareo von merkwürdigen, glänzenden, erst kürzlich entdeckten Steinen. Selbstverständlich ging die Propektorin der Sache nach – um zu ihrer Enttäuschung nicht das erwartete Golderz, sondern, wie in Kanada so häufig, nur wertloses Eisenpyrit zu finden.

Anahareo paddelte weiter und wurde von zwei Cree-Familien eingeholt, die in großen Frachtkanus mit Kindern, Hunden, Zelten und dem gesamten übrigen Besitz auf dem Weg nach Norden waren. Ihr Ziel war »the land of the little sticks«, wie die Indianer die fast baumlosen Barren Grounds, die nördliche Tundra, nennen. Anahareo zögerte keinen Augenblick und schloß sich ihnen an.

Die Reise sollte ohne Eile, entspannt und unterhaltsam ablaufen. Diese Roten waren auf dem Wasser ebenso zu Hause wie in den Wäldern. Sie fanden mit instinktiver Sicherheit die sichersten Flußpassagen, die kürzesten Tragestrecken, die besten Übernachtungsplätze. Wenn sie Lust auf Fisch hatten, warfen sie die beköderten Leinen aus; wenn es Geflügel sein sollte, suchten sie die Buchten ab und spürten geflügeltes Wasserwild auf – oder sie jagten zwischendurch Hirsch und Elch. Die Gesellschaft der Indianer übertünchte Anahareos innere Zerrissenheit, lenkte sie von ihren Schuldgefühlen und Selbstzweifeln ab.

Aber sie änderte nochmals ihre Pläne. Das unbeeilte, scheinbar planlose Dahingleiten der Cree-Clans, die Aufenthalte in den Camps, die Abstecher aufs Land – das dauerte ihr zu lange. Sie glaubte, bei ihrer Ankunft am Gods Lake sei die Saison schon zu weit fortgeschritten, um dort zu schürfen und womöglich fündig zu werden. Sie verabschiedete sich von ihrer indianischen Begleitung und paddelte in Richtung der Minenstadt Flin Flon, dem nördlichen Kopf einer Eisenbahnlinie in Manitoba. Von hier aus hätte Anahareo in wenigen Tagen an den Ajawaan Lake zurückkehren und Grey Owl/Archie, ihre Biber, vor allem aber Shirley Dawn wiedersehen können.

*

Der Hudson's-Bay-Manager von Amisk Lake überreichte ihr einen Brief ihres Mannes. Das Schreiben begann mit dem bitteren Vorwurf, sich innerhalb eines halben Jahres nur zweimal mit flüchtiger Notiz gemeldet zu haben. Das

Weitere traf sie wie ein Keulenschlag: Archie legte ihr die Trennung nahe. Der Brief schloß mit der bösen Bemerkung, wenn sie zurückkehren wolle, dann müsse sie ihn erst mal um Erlaubnis fragen …

Wütend zerriß Anahareo das Schreiben, kaufte trotzig eine Prospektorenlizenz für die Region und begann ernsthaft, in der Gegend rund um den Amisk Lake das offenliegende Gestein nach »Farbe«, nach Hinweisen auf vielversprechende Einschlüsse zu untersuchen. Sie ließ drei Claims registrieren.

Inzwischen waren ihre Mittel erschöpft, und sie versuchte vergeblich, in Flin Flon einen Job zu finden. Anahareo sah keine andere Wahl, als per Kanu auf dem Wasserweg in Richtung Süden zu reisen. Am Einlauf des Sturgeon Weir River wurde sie krank. Glücklicherweise nahm sich ein dort lebender Oldtimer ihrer an: Angus McDonald, der ihr bei ihren Wanderungen schon einmal über den Weg gelaufen war. Angus konnte Anahareo davon überzeugen, daß sie es in ihrem körperlichen Zustand nicht mehr schaffen würde, vor dem »freeze up«, dem Zufrieren der Seen und Flüsse, die Zivilisation zu erreichen, daß Eis und Schnee sie irgendwo festnageln würden – was einem Todesurteil gleichkäme.

Angus' Behausung war ein unglaublich schmutziges, miefiges Durcheinander von Tierfallen, dreckigem Geschirr, blutverkrusteten Fellen und einer Menge anderem Gerümpel – aber warm. Anahareos starker, unbeugsamer Wille kämpfte mit ihrer physischen Schwäche. Sie schleppte sich auf das Fellager des Schotten und fiel in eine fiebrige Ohnmacht. Nach drei Tagen und Nächten Fieber und Delirium hörte sie dumpfe Schläge, die in ihrem Kopf wie mächtige Glocken dröhnten. Sie öffnete die Augen, sah Angus auf dem Boden knien, eine Axt schwingen und steifgefrorene Fische als Hundefutter auseinanderhacken.

Sauberkeit und Ordnung schienen ihm siebenfach versiegelt, aber Angus war ein Mann mit goldenem Herzen. Er hatte es die letzten Jahre nicht mehr über sich gebracht, die überzähligen, alten Hunde seines Teams zu erschießen; und so war inzwischen deren Zahl auf stattliche 19 Tiere angewachsen. Selbstverständlich hausten auch sie in der kleinen Hütte.

*

Angus setzte sich hin und lauschte Anahareos Geschichte. Dann kramte er Papier, Tinte und Federhalter aus einer Ecke und schrieb langsam und bedächtig einen Brief an Grey Owl/Archie Belaney. Sie war immer noch schwach und fühlte sich elend, aber ihr Stolz war ungebrochen: Anahareo verbot Angus die Anfrage, ob sie zurückkommen dürfe.

Die Antwort ließ nicht lange auf sich warten: ein langer Brief voll gemeinsamer Reminiszenzen, aber kein Wort der Aufforderung oder gar die Andeutung einer Bitte um Rückkehr. Dafür steckten 25 Dollar im Umschlag; ganz offensichtlich das Reisegeld.

Mit Anahareo ging es wieder bergauf. Statt in Richtung Süden aufzubrechen, schirrte sie zusammen mit Angus die Hunde an. Gemeinsam jagten sie nach Flin Flon, um dank des unverhofft eingetroffenen Geldes richtig Weihnachten zu feiern.

Wieder einmal fand sich Anahareo hin- und hergerissen zwischen Trotz, Sehnsucht, Verzeiflung und Eigensinn. Sie verkaufte ihr Gewehr, ihr Kanu und haute den Erlös zusätzlich auf den Kopf.

Danach verfiel sie in tiefe Depressionen; sie wußte nicht mehr aus noch ein, spielte sogar mit Selbstmordgedanken. Wäre Angus nicht gewesen... Der alte Trapper konnte sie überreden, mit ihm zusammen in seine Hütte am Sturgeon Weir River zurückzukehren.

Gegen ein Monatssalär von zwölf Dollar verschaffte sich Anahareo den einzigen verfügbaren Job: der sich langweilenden Gattin eines gut verdienenden, weiter entfernt tätigen Minenangestellten als Gesellschafterin die Zeit zu vertreiben.

Der Winter zog sich hin mit Einkaufen im Hudson's-Bay-Posten, Kaffeeklatsch, Touren im Hundeschlitten und anderen harmlosen, aber wenig befriedigenden Beschäftigungen. Der einzige Lichtblick waren die sporadischen Besuche bei Angus.

Am Muttertag erhielt Anahareo von einem Floristen in Flin Flon die Nachricht, ein Strauß roter Rosen sei für sie abholbereit. Doch der Blumengruß war mit keiner Nachricht verbunden, geschweige mit der erhofften Bitte...

Anahareo verkaufte ihre Claims für 300 Dollar; danach besaß sie wieder die Mittel, um in der warmen Jahreszeit weiter zu prospektieren. Verbissen suchte sie einmal mehr nach Mineralien und Erzen, jagte dem vermeintlichen Glück hinterher.

Endlich – im August – gab Grey Owl/Archie nach und bat Anahareo schriftlich und in aller Form, wieder »nach Hause« zurückzukommen. Er habe die ehrenvolle Einladung zu einer Vortragstournee durch England erhalten und brauche sie, um für die Biber zu sorgen.

Als Anahareo in einem Gemisch von banger Erwartung, Wiedersehensfreude und Schuldgefühl in Prince Albert aus dem Zug stieg, sah sie Mrs. Winter mit der gar nicht mehr so kleinen Shirley Dawn auf dem Bahnsteig stehen. Als sie zögernd auf ihre Tochter zuging, sagte Mrs. Winter: »Da, schau, deine Mutter!« Doch die Kleine schüttelte den Kopf: Sie erkannte Anahareo nicht mehr. Trotzdem konnte die junge Frau ihr Glück kaum fassen, ihr Mädchen wiederzuhaben.

Dagegen war das Wiedersehen mit ihrem Mann alles andere als frei von Spannungen. Grey Owl/Archie Belaney litt an Selbstzweifeln, er war nervös, griff immer wieder zur Flasche, glaubte, der Herausforderung als Vortragsredner nicht gerecht zu werden. Anahareo konnte und wollte ihm diese Zweifel nicht ausreden, setzte sich aber hin und nähte in wochenlanger, mühevoller Arbeit Hirschlederhosen und eine ebenfalls lederne Fransenjacke für ihren Mann, den Vollblut-Ojibwa Wäscha-kwonnesin, für dessen Auftritte in England.

Als er nach einer erfolgreichen monatelangen Tournee zurückkehrte, wußte Anahareo – sie war inzwischen 30 Jahre alt –, daß sie sich endgültig auseinandergelebt hatten.

Grey Owl/Archie Belaney vergrub sich tiefer denn je zuvor in seine Schriftstellerei. Er schrieb einen weiteren Bestseller: »Tales of an Empty Cabin«. Für Anahareo war es die letzte Bestätigung, daß keine Brücke über die zwischen ihnen gähnende Kluft führte. Am 15. November 1936 verließ sie endgültig die »Beaver Lodge« am Ajawaan Lake.

Anderthalb Jahre später las die junge Frau zufällig eine Meldung in der Zeitung: »Grey Owl ist am gestrigen Morgen an Lungenentzündung verstorben.«

Anahareo nahm am Begräbnis ihres Mannes nicht teil. Sie wollte nicht mit Yvonne Perrier, die Grey Owl/Archie Belaney im Jahr zuvor geheiratet hatte, zusammentreffen oder -stoßen. Im Gegensatz zu ihrem Lebensgefährten fühlte sie sich erst nach dessen Tod frei. Sie, die Katholikin, hatte – »bis daß der Tod euch scheidet« – die schlichte »heidnische« Zeremonie des Cree-Chief Papati bis dahin als bindend respektiert.

Anahareo wußte natürlich, daß Archie Belaney kein Vollblut-Ojibwa war, doch jetzt erfuhr sie nochmals aus der Presse, daß er keineswegs aus der Verbindung eines abenteuerlustigen Schotten mit einer Apachenfrau hervorgegangen war. Sie las, daß ihr verstorbener Mann als Brite geboren und in der englischen Stadt Hastings aufgewachsen war.

Diese »Entlarvung« bedeutete für sie wenig: Auch wenn er Anahareo nie ganz sein Innerstes eröffnet hatte, für sie war und blieb Archie Belaney, alias Wäscha-kwonnesin oder Grey Owl, der Lebenspartner, für den sie Bewunderung und Respekt über dessen Tod hinaus bewahrte. Ebenso ging es vielen, vielen anderen: Grau-Eule war eine der bemerkenswertesten Gestalten seiner Epoche.

Am 2. Dezember 1939 heiratete Anahareo den Mann, an dessen Seite sie endlich Ruhe, Sicherheit und echte Zuneigung erfahren und finden sollte, den schwedischen Grafen Eric Moltke Huitfeldt. Sie blieb jedoch bis zu ihrem Tod im westkanadischen British Columbia – sie wurde über achtzig Jahre alt – die resolute Persönlichkeit, die mit aller Vehemenz für den Tierschutz und gegen die Zerstörung der Wälder Kanadas eintrat.

Das Grab Anahareos liegt heute neben dem von Grey Owl und der vor ihr verstorbenen Shirley Dawn auf einem Hügel über dem Ajawaan Lake im Prince Albert National Park. Es ist nicht anzunehmen, daß eine Frau ihres Formats ohne ihre ausdrückliche Zustimmung zu Lebzeiten an der Seite des Gefährten ihrer wahrscheinlich glücklichsten, turbulentesten und aufregendsten Jahre ihres Lebens bestattet worden ist.

Über die Autorin

Brigitte Weiprecht, 1944 im Ruhrgebiet geboren, ist Autorin zahlreicher Reise- und Kochbücher, arbeitet als Übersetzerin und Rechercheurin für deutsche und ausländische Zeitschriften. Ihr spezielles Interesse gilt den eingeborenen Völkern Nordamerikas.

Mit ihrem Mann lebt sie den größten Teil des Jahres in einer Blockhütte in der Wildnis Kanadas.

James BraveWolf: Von nun an bin ich Kriegerin
Eine indianische Erzählung

Lamuv Taschenbuch 120

Tecumseh, Sitting Bull, Geronimo - große Häuptlinge, deren Leben und Taten inzwischen viele kennen. Doch wer ist Lozen vom Stamme der Chihinne (bei uns besser bekannt als Apachen)? Ein zwölfjähriges Mädchen, das sich heimlich auf eine gefährliche Reise begibt, um ihr Volk vor dem drohenden Untergang zu retten.
»Eine eindringliche Geschichte, überzeugend erzählt.« (Dietmar Kuegler in: Zeitschrift für Amerikanistik)

Elmar Engel: Blackfoot, Cree, Mohawks ...
Zur Geschichte der Indianer im Norden Amerikas

Lamuv Taschenbuch 140

»Diese Geschichte der Indianer in Kanada, die bislang im Gegensatz zu den in den USA lebenden Ureinwohnern nur wenig Aufmerksamkeit erfuhren, liest sich anschaulich und spannend. Von der Besiedlung Nordamerikas über die ersten europäischen Kontakte, dann die Indianerkriege, bis hinein ins 20. Jahrhundert wird der Bogen gespannt ... Ein empfehlenswertes populäres Sachbuch.« (Reinhild Khan im ekz-Informationsdienst)

Elmar Engel: Geronimo und die Apachen

Lamuv Taschenbuch 161

Mexikaner wie US-Amerikaner versuchen im 19. Jahrhundert, die Indianer im Südwesten Nordamerikas niederzuwerfen und in Reservate zu pferchen. Die Apachen graben das Kriegsbeil aus, leisten erbitterten Widerstand. Ihr Häuptling Geronimo wird jahrzehntelang von den Weißen gejagt, verliert Frau und Kinder, schwört Rache, bringt den Weißen manche Niederlage bei ... Er, der am Ende doch die Waffen strecken mußte, ist zu einer sagenumwobenen Gestalt geworden, dessen Lebensgeschichte mehrfach verfilmt wurde.

Bücher aus dem Lamuv Verlag